中国历史上下五千年,悠久而漫长,在历史的长河中,中华民族用劳动和智慧创造了光辉灿烂的文明,积淀了独具魅力的文化。

文化是一个民族的标志,更是一个民族的灵魂。

中华文化是中华民族无数古圣先贤、风流人物、仁人志士对自然、人生、社会的思索、探求与总结,是我国各族人民的智慧源泉与精神支柱,是中华民族的尊严与标志,更是中华民族屹立于世界民族之林的形象,它既是中华民族智慧的凝结,更是道德规范、价值取向、行为准则的集中再现。

中华民族之所以历经磨难而不衰,非常重要的一点,就是中华文化营造出的强大的民族向心力。中华传统文化是中华文明成果根本的创造力,是民族历史上道德传承、各种文化思想、精神观念形态的总和。以现在的学科分类,则囊括了中国古代的哲学、宗教、政治、科技、历史、地理、文学、教育、经济、军事、文化、艺术、民俗诸多方面。概括来说,传统文化包括经史子集、十家九流,它以先秦经典及诸子之学为根基,涵盖两汉经学、魏晋玄学、隋唐佛学、宋明理学和同时期的汉赋、六朝骈文、唐宋诗词、元曲与明清小说并历代史学等一套特有而完整的文化、学术体系。观其构成,足见其之广博与深厚。

千百年来,中华文化融入我们每一个炎黄子孙的血液,铸成了中华民族的高尚品格,书写了辉煌灿烂的历史,成为人类文明不可或缺的组成部分。"己所不欲，勿施于人"的行为规范、"乐以天下，忧以天下"的政治抱负、"苟利国家，不求富贵"的报国情怀、"富贵不能淫，贫贱不能移，威武不能屈"的浩然正气、"志士仁人，无求生以害仁，有杀身以成仁"的献身精神、"知人者智，自知者明"的通达心态等，都传承着中华民族的精神基因，这是我们最深厚的文化软实力。

凝魂聚气，强基固本，习近平总书记就传承和弘扬中华优秀传统文化做出一系列重要指示。他指出："我们决不可抛弃中华民族的优秀文化传统，恰恰相反，我们要很好地传承和弘扬，因为这是我们民族的'根'和'魂'，丢了这个'根'和'魂'，就没有根基了。""一个国家、一个民族的强盛，总是以文化兴盛为支撑的，中华民族伟大复兴需要以中华文化发展繁荣为条件。"

在2017年10月18日召开的中国共产党第十九次全国代表大会上，习近平总书记提出要深入挖掘中华优秀传统文化蕴含的思想观念、人文精神、道德规范，结合时代要求继承创新，让中华文化展现出永久魅力和时代风采。习近平总书记的讲话，为我们继承和弘扬传统文化指明了方向。

一个没有自己文化的国家，可能会成为一个大国甚至富国，但绝对不会成为一个强国。也许它会强盛一时，但绝不能永远屹立于世界强国之林。而一个国家若想健康持续发展，则必然有其凝聚民众的国民精神，且这种国民精神也必然是在其自身漫长的历史发展中由本国人民创造、形成的。中华民族的伟大复兴，中华巨龙的跃起腾飞，离不开传统文化的持久浸润与滋养。

传统文化对于个人的成长更为重要。众多的专家学者认为，一个人的精神启蒙，往往始于不可替代的传统经典。试想，当优秀传统文化

纪连海谈论语

子路·宪问·卫灵公·季氏篇

纪连海 著

石油工业出版社

图书在版编目（CIP）数据

纪连海谈论语：子路·宪问·卫灵公·季氏篇 / 纪连海著.
北京：石油工业出版社，2019.1
  ISBN 978-7-5183-2922-9

  Ⅰ.①纪… Ⅱ.①纪… Ⅲ.①儒家②《论语》–通俗读物
Ⅳ.①B222.2-49

  中国版本图书馆CIP数据核字（2018）第220176号

纪连海谈论语：子路·宪问·卫灵公·季氏篇
纪连海　著

出版发行：石油工业出版社
　　　　　（北京安定门外安华里2区1号　100011）
网　　址：www.petropub.com
编　辑　部：（010）64523607　图书营销中心：（010）64523633
经　　销：全国新华书店
印　　刷：北京晨旭印刷厂

2019年1月第1版　2019年1月第1次印刷
700×1000毫米　开本：1/16　印张：16
字数：210千字

定　价：38.00元
（如发现印装质量问题，我社图书营销中心负责调换）
版权所有，翻印必究

的经典了然于心，熟能成诵，孔子、孟子、老子、庄子等伟大的先贤就与你的生命相伴了。有圣贤藏于心，笃于行，德必向善，学必精进，功自然成。潜心于传统文化，我们就会发现其蕴含的无法穷尽的智慧，并从中领略到恒久的治世之道与管理之智，体悟到超脱的人生哲学与立身之术。

中国人民在历经站起来、富起来的历史进步后，将迈入建设中国特色社会主义现代化强国"强起来"的新时代。历史悠久、光辉灿烂的中华传统文化，是一座人类文明的巨大宝库。系统地了解、认识中华文化精华，更好地继承中华民族优秀文化传统，激发民族自豪感，增强民族凝聚力，大力弘扬爱国主义精神，是我们应当担负起来的神圣的历史责任。

为了让更多读者从传统文化中受益，我们特别邀请了中央电视台"百家讲坛"著名主讲纪连海主编了这套"名家谈国学经典"丛书。

"名家谈国学经典"系列将分辑出版，这次出版的是第一辑，分别是《纪连海谈论语》《纪连海谈道德经》《纪连海谈黄帝内经》《纪连海谈孙子兵法》《纪连海谈三十六计》《纪连海谈孟子》《纪连海谈庄子》。这些经典著作高度浓缩了中华五千年文明的精华，包含了中华民族生存的大思想、大智慧。

丛书富有知识性、哲理性和可读性，尽量把艰难晦涩的传统文化予以通俗化、现实化的演绎，以古今中外的精彩案例解析深刻的文化内涵，让传统文化焕发出历久弥新的时代风采。丛书秉承了纪连海一贯的幽默活泼、接地气的语言风格，使读者在轻松愉悦和饶有趣味的阅读中，收获满满的人生感悟。

丛书瑕疵难免，错漏之处敬请读者批评指正。

孔子和《论语》

1988年1月,75位诺贝尔奖获得者在法国巴黎发表宣言:"如果人类要在21世纪生存下去,就必须回到两千五百年前去汲取孔子的智慧。"

一、孔子是怎样的一个人?

孔子(公元前551—公元前479年),名丘,字仲尼,在家族中排行第二,故也有人称之为孔老二,春秋末期鲁国陬邑人,汉族,享年七十三岁,葬于曲阜城北泗水南岸,即今日孔林所在地。他是我国历史上伟大的思想家、教育家和政治家,居"世界十大文化名人"之首。

在山东曲阜2017年祭孔大典上,有专家这样解说孔子:孔子是"三个人",一是中华文化的圣人;二是中国文化的恩人;三是百姓的亲人。

纵观孔子的一生,有必要重新认识孔子,对孔子的定位应该是思想家、教育家、政治家、儒家学派创始人和至圣先师。

孔子的业绩主要有四方面:一是兴办私学,改变了教育被官方垄断的历史;二是中华道统的奠基者,建构了仁礼并重的价值体系、内圣外王的治理之道和中和谦美的道德文明;三是中华学统的开创者,晚年删

《诗》《书》、定《礼》《乐》、赞《周易》、修《春秋》，中华学术文化全体大用，悉在六经中开出；四是一生好学不倦，勇猛精进，超凡入圣，成为万世师表。

这些都是后人对孔子的溢美之词，要想真正了解孔子，与圣人亲密接触，必须回到原点，读原汁原味的《论语》。

作为一部优秀的语录体散文集，《论语》以言简意赅、含蓄隽永的语言，记述了孔子的言论，其中所记孔子循循善诱的教诲之言，或简单应答、点到即止，或启发论辩、侃侃而谈、富于变化，娓娓动人。

读《论语》，读的是一句一句话，看见的却是一个个活生生的人。

当你用心去唤醒文字，感受孔子和弟子以及其他人物的形象，想象他们的样子的时候，语言就像渡船一样把你渡过去，沉睡的孔子也站起来了，从远处向你走来，"含情脉脉"地看着你。你的阅读就像皮格马利翁看"美女雕塑"一样，看着看着就把她看活了，你就会读出一个性格丰富、个性鲜明、十分可爱的孔子和一个个性情各异的弟子。

孔子是《论语》描述的中心，"孔子风采，溢于格言"，书中不仅有关于他仪态举止的静态描写，还有关于他的个性气质的传神刻画。

孔子达观率性，修身以敬。《阳货篇》中讲了这样一个故事，说孔子来到武城，嘲笑其治理者"割鸡用牛刀"，子游予以反驳，这使他意识到了自己的错误。"前言戏之耳"，一句话将孔子当时的羞愧展现出来，同时前一句"二三子！偃之言是也"写出了孔子虚心向弟子学习的品质。即使是圣人也会犯错误。《论语》中这段孔子犯了错被人指出后的情态描写，为严谨端庄的孔圣人涂上了一抹鲜活生动的颜色。

孔子虽然庄重，却是一个浑身充满幽默感的人，那是一种让人"近之也温"的大气、智慧、乐观和风度。当别人无不讽刺地说："孔子你可真了不起，你学了那么多玩意儿，然而却没有任何能够出名的本事，你究竟会什么呀？"孔子听了，并没有为自己辩护，而是嬉笑着对自己的弟子们说："我干什么呢？当射手呢，还是赶马车呢？我还是赶马车好了。"这是一种无厘头似的自嘲，尽显俏皮、戏谑的语气和神态，在自嘲中，一个理想主义者的大度、达观立现。

孔子还是个内心充满理想和生活热情的人，在不如意或受打击的时候，虽然也发发牢骚，说过"知我者只有老天爷吧"，或者干脆撂挑子不干，"道不行，乘桴浮于海"，要乘着竹筏隐居海外。但他也只是说说而已，他总能很快从打击中恢复，让生活变得轻松、欢快。

此外，《论语》还成功地刻画了一些孔门弟子的形象，如子路的率直鲁莽、颜回的温雅贤良、子贡的聪颖善辩、曾皙的潇洒脱俗，等等，都称得上个性鲜明，给人留下了深刻的印象。

二、《论语》是一部什么样的著作？

《论语》主要记录了孔子及其弟子的言行，共二十篇，由孔子的弟子及再传弟子编写，是我国古代儒家经典著作之一，每篇篇名以开头两三个字来取，有语录、有对话，也有故事，形式活泼多样，是了解孔子为人、孔子思想的重要资料。

《论语》完整而充分地反映了"大成至圣先师"孔子"为政以德、仁者爱人"的政治思想、"诚信处事、智慧生存"的人道思想、"有教无类、启发诱导"的教育思想，等等。直到"新文化运动"之前，它一直是中国人的蒙学必读之书。其无与伦比的历史地位和思想高度完全不亚于西方人眼中的《圣经》。

《论语》是道德与智慧的凝结，它像是一个循循善诱的教师，又像是一个正直、坦率、宽容的友人，它可以映射出人们的道德情操、品性修养，让人们在生活中找准自己的方向。

《论语》终极传递的是一种朴素、温暖的生活态度，教给人们如何在现代生活中获取心灵的快乐、适应日常秩序、找到个人坐标。

《论语》以简约的语言点出人生大道，让后人一一去实践，让那种古典的精神力量在现代的规则下融合成为一种有效的成分，让每一个人真正建立起有效率、有价值的人生。

宋代开国宰相赵普曾自诩以半部《论语》治天下。确实，《论语》作为一部自汉代以来统治中国两千多年的儒家经典著作，蕴藏着深刻的政治智慧和管理智慧。北大教授季羡林先生则进一步说，"用不了半部《论语》就能治天下，仅仅用《论语》中的'己所不欲，勿施于人'这八个字就能治天下。"被誉为"日本企业之父"的涩泽荣一说："要把现代企业建立在算盘和《论语》的基础上，我的成功经验：《论语》加算盘等于成功。"

可见，不管是学文、从商、做官还是从事企业管理，都用得上《论语》。

愿这本书像一股清泉缓缓流过人们喧嚣浮躁的心灵，成为点燃灵感、涵养智慧、提升道德的一剂灵丹妙药。

子路篇 1

宪问篇 56

卫灵公篇 142

季氏篇 213

子路篇

原文

子路问政。子曰:"先之劳之。"请益。曰:"无倦。"

纪老师说

子路问政,孔子告诉他两个字:一个是"先",一个是"劳"。

所谓"先",是指当政者必须以身作则,身先士卒,做事情要先难后获,于利益要先人后己,在各个方面都要率先垂范。

"劳之",也是领导处事的原则。左丘明在《国语》一书中,有一篇敬姜论劳逸的文章,叙述鲁大夫公父文伯的母亲——敬姜,对儿子的一番教训。她说人必须要接受劳苦的磨炼:"劳则思,思则善心生;逸则淫,淫则忘善,忘善则恶心生。"

一个人一直在安逸的环境中,就容易堕落。民族、国家也是这样,正所谓"忧患兴邦"。所以古代许多懂得为政的人,都善于运用"劳之"的原则,使得官吏、百姓没有机会耽于逸乐。

孔子说了这两点,子路"请益",要求老师多告诉他一点。孔子又说了一个"无倦"。子路好勇,好勇的人往往敢于实践而不能持久,所以孔子告诉子路要"无倦"。这仍然是孔子关于为政的一贯思想,也就是为政者模范带头作用的重要性。

历史上"一沐三握发,一饭三吐哺"的周公正是为政之道的践

行者。

　　周公辅佐周成王，建设新的国家，日理万机，忙的事情都有什么？比如制定战俘处理政策，签署奴隶管理条例，讨伐周边不服气的小国，镇压反周复商势力，还得安置商朝贵族和遗老遗少。忙的时候，周公洗澡都有人打扰。古时候男人头发长，周公握着湿头发从浴室跑出来，接见完了，又回去接着洗，反复多次。有时候吃饭也很麻烦，吃一口肉片，不等嚼完又得吐出来，因为又有客人来求见了，所以一饭三吐哺。

　　后来曹操在短歌行里引用这个典故："周公吐哺，天下归心。"就是说只有像周公那样礼待贤才，才能使天下人心都归向我。

原文

仲弓为季氏宰①，问政。子曰："先有司②，赦小过，举贤才。"曰："焉知贤才而举之？"子曰："举尔所知；尔所不知，人其舍诸③？"

注释

①宰：家臣，总管。

②先有司：给手下的官吏带头。先：先做，带头做，方位名词活用作动词。有司：负责某项具体事务的官员。

③人其舍诸：别人难道会把他埋没吗？舍：舍弃。

纪老师说

"先有司，赦小过，举贤才"，的确是管理的重要法则。

何谓"先有司"？《吕氏春秋·审分览》曾经生动地举例说，人与马一起走，人不如马快，可是，人坐在马车上驾马，情况就不一样了。不能任用部下，事必躬亲，就好比舍弃车驾而与马同行，不仅不如马快，而且还会压抑、挫伤"马"的积极性，使其失去作用。更为严重的后果是导致各级职责混淆，领导不力，一片混乱，"此亡国之风也"！

俗话说："金无足赤，人无完人。"如果你事事苛察，求全责备，就像眼睛里容不下一粒砂子一样抓住别人的缺点错误不放，谁还愿意跟从你，为你卖力气呢？所以，做领导的一定要原谅属下的小过失。这就是孔子教仲弓"赦小过"的道理。

秦军遭晋军围攻，情势危急。突然冲进一队人马，杀散晋军，救出秦孝公，还擒获了晋惠公。这队人马是谁？为何冒死救主？曾经秦孝公的一匹宝马跑丢，被下边一群人杀掉，正欲吃马肉，被地方官发现，禀报秦孝公，要处死这些人。不料，秦孝公说，吃宝马肉需美酒，否则容易出毛病，随即派人送美酒给那些人……这群被赦免的就是当今救主的人。

"先有司"会使人人各司其职，各得其所；"赦小过"有利于调动工作积极性；"举贤才"则是"先有司"所必需的。"新官上任三把火"，孔子教仲弓的这"三把火"一烧，管理的局面也就会打开了。

原文

子路曰:"卫君①待子而为政,子将奚先②?"子曰:"必也正名③乎!"子路曰:"有是哉,子之迂④也!奚其正?"子曰:"野⑤哉,由也!君子于其所不知,盖阙如也⑥。名不正,则言不顺;言不顺,则事不成;事不成,则礼乐不兴;礼乐不兴,则刑罚不中⑦;刑罚不中,则民无所错手足⑧。故君子名之必可言⑨也,言之必可行也。君子于其言,无所苟⑩而已矣。"

注释

①卫君:指卫出公,名辄。

②奚先:先干什么。奚,疑问代词做宾语,前置。

③正名:纠正礼制名分上的用词不当现象。即按照周礼规定的等级名分,去纠正一切不符合周礼的现象,恢复"君君、臣臣、父父、子子"的局面,使社会上所有的人都能各从其类,各守其位。

④迂:迂腐,迂阔,不合时宜。

⑤野:鲁莽,粗野。

⑥盖阙如也:大概总是采取了存疑的态度。阙,通"缺",存疑,保留。如,词尾。

⑦中:得当。

⑧错手足：放置手足。"无所错手足"即手足无措。错，通"措"，也就是不知该怎么办才好。

⑨名之必可言：确定一个名分，必须能够说得明白、在理。名之，给它确定名分。名，名词活用作动词。

⑩无所苟：没有一点随便、马虎的地方。苟，随便，马虎。

纪老师说

这一段话语是孔子为政的核心，也就是"正名"的思想。

什么叫正名？就是要使事物名实相合。在周朝末年，天下名实混乱，君不君，臣不臣，父不父，子不子；臣弑君，子弑父，比比皆是。卫国更是混乱，所以，孔子说这段话是针对卫国当时的情况来讲的。

孔子曾两次到卫国做事。第一次遇见的是懦弱的卫灵公，南子弄权，太子作乱，失败后逃往晋国，卫灵公的孙子即位，是为出公；太子在晋国的帮助下回到卫国赶走自己的儿子，是为庄公；后来庄公又被赶走，出公再次回到卫国。孔子这次来到卫国遇见的是出公。

卫灵公死后应该由太子即位，庄公和出公是父子关系，父子为争皇位不惜大打出手，在国人看来算是一出丑剧，在孔子看来名正言顺才更重要，子路亲自求证，孔子做了肯定回答。子路不同意老师的意见，该谁即位是一回事，但事已至此，迎回太子只能让卫国陷入混乱。孔子于是大骂子路，并论述了一番"正名"的重要性：只有名正了，事情才好办，事情好办了，礼乐才会复兴，礼乐复兴则天下太平。

子路被骂的真正原因，是因为这个莽夫试图挑战孔子的核心价值观，"君君，臣臣，父父，子子"，其实就是孔子主张"正名"的核心内容，这跟孔子有关"礼乐"的思想一样，孔子内心真正在意的其实是他心目中那个理想化了的有序社会。

名正言顺也是事涉"名""实",不可不慎。《庄子·天运》中写道:"名,公器也。"每个人都需要使用的东西,当然要符合每个人的趣味,这就是——正。

秦汉之际,中原混战,赵佗在岭南自立为帝,汉孝文帝时派遣陆贾出使南越,赵佗第一时间上书称"老臣妄窃帝号,聊以自娱,岂敢以闻天王哉?"并表示愿称臣进贡,这正是因了名正言顺。

宋高宗赵构当了三十五年皇帝后决定将皇位让给赵昚,是为孝宗。从太宗至高宗大宋皇位已传九代,高宗最终决定再次传回给太祖一脉,似乎也只能用名正言顺来解释。

名正言顺有无比强大的能量。先秦诸子斤斤于"名",至魏晋而为名教之争,这一话语一直延至晚清,正名问题实乃政治的核心问题,于今亦然,其间意蕴,关涉至深。

原文

樊迟请学稼①，子曰："吾不如老农。"请学为圃②。曰："吾不如老圃。"樊迟出。子曰："小人③哉，樊须也！上好礼，则民莫敢不敬；上好义，则民莫敢不服；上好信，则民莫敢不用情④。夫如是，则四方之民襁⑤负其子而至矣，焉用稼？"

注释

①稼：种植谷物。

②为圃：指种菜。圃：种植蔬菜花草的园地。

③小人：这里指没有知识，没有出息的人。樊须，即樊迟。名须，字子迟。

④用情：用真情，诚实，说真话。

⑤襁：背小孩的宽带子。

纪老师说

孔子这段话的意思，绝不是轻视农业，而是要说明学习首先应学大道，把大道掌握了，其他的小技自然就明白了。治国之道都懂了，种庄稼之道也就在其中了。道是本，技是末，有本自然就有末，只研究小技，那么就只能学一样会一样，不能一通百通，举一反三。

先秦诸子百家中的"农家"虽非主流，也算是重要的一派，许行是其主要代表人物，他主张"贤者与民并耕而食，饔飧而治"。真正贤明的君主应该亲自耕种，亲自下厨。孟子对此大不以为然，"农家"表面上站在社会的最底层说话，反对不劳而获，其实是沽名钓誉，"是乱天下也"，最终的结果必然是"害于耕"。孟子认为社会有分工，有大人之事，有小人之事，或劳心，或劳力，原本是天底下最自然的事情，圣人以天下为忧，根本没有时间、也不需要去耕种。这就是《孟子·滕文公》上篇中著名的"农""儒"论战。

本章孔子之意不是简单地反对樊迟学稼穑之事，而是点拨樊迟治学的方向问题。

无论古今，我们都是要讲社会分工的，稼穑之事就是农事，是人们生存的根本，任何时候都不能轻视，但如诸葛亮般躬耕陇亩长达十年，但其好为梁父吟，暴露了他待时而动的真意，他心怀天下，未出庐而已知天下三分。伊尹是商朝的贤相，曾耕于有莘之野，而乐尧舜之道。伊尹也好，诸葛亮也罢，他们的稼穑并不是目的，而樊迟是将稼穑之事当成了自己治学主攻的方向了，这岂不正是"小人"之志？当然如果樊迟要能成为袁隆平这样的水稻专家，解决天下穷人的温饱问题，估计孔子也不会批评他了。

纪连海谈 论语

原文

子曰:"诵《诗》①三百,授之以政,不达②;使于四方,不能专对③。虽多,亦奚以为④?"

注释

①诗:指《诗经》。在西周和春秋时期,从政者,尤其是外交人员,多借用《诗经》上的诗句表情达意。

②不达:指行不通,办不了。达,通达。

③专对:独立地谈判交涉。指使臣在外,要独立行事,根据具体情况随机应变去进行外交应对。对,对答。

④亦奚以为:又有什么用呢?以,用,动词。为,句末语气助词,表疑问,可译为"呢"。

纪老师说

古代使节,全权代表国家和国君,必须有独当一面的能力,交涉应对,不辱使命。而外交酬酢或谈判,常常用诵《诗》的方式表情达意。因此,孔子十分重视诗教,曾说"不学诗,无以言""小子何莫学夫《诗》"。

孔子主张博学,主张广泛学习,但孔子更主张学有所用,学以致用。学不知用，学不会用，读得再广，学得再多，又有什么用处呢？

孔子在这里对死读书、不知道灵活运用的书呆子进行了批判，因为书呆子不但不能起作用，弄得不好还会坏事，甚至害人害己。

有一个叫刘羽冲的读书人，性格孤僻，好讲古制。一次他偶尔得到一部古代兵书，伏案读了一年，便自称可以统率十万大军。恰好这时有人聚众造反，刘羽冲便训练了一队乡兵前往镇压，结果全队溃败，他本人也差点儿被俘。

后来他又得到一部古代水利著作，读了一年，又声称可以把千里瘠土改造成良田。州官让他在一个村子里试验，结果沟渠刚挖成，天降大雨，洪水顺着渠道灌入村庄，村里人险些全被淹死。

从此刘羽冲闷闷不乐，每天总是独自漫步在庭院里，千百遍地摇头自语道："古人岂欺我哉？"不久便在抑郁中病死。

原文

子曰："其身正，不令而行；其身不正，虽令不从。"

纪老师说

中国有一句俗语叫："打铁还需自身硬，绣花要得手绵巧。"如果为执政者本身行得正，办一切事都合规矩，自然能得到民众的拥护，不用下命令，大家也会依照去实行；如果自身行为不端，即使三令五申，百姓也不会服从。

我国著名教育家张伯苓，1919年之后相继创办南开大学、南开女中、南开小学。他十分注意对学生进行文明礼貌教育，并且身体力行，为人师表。

一次，他发现有个学生手指被烟熏黄了，便严肃地劝告那个学生说："烟对身体有害，要戒掉它。"没想到那个学生有点不服气，俏皮地说："那您吸烟就对身体没有害处吗？"

张伯苓对于学生的责难，歉意地笑了笑，立即唤工友将自己所有的吕宋烟全部取来，当众销毁，还折断了自己用了多年的心爱的烟袋杆儿，诚恳地说："从此以后，我与诸同学共同戒烟。"果然，打那以后，他再也不吸烟了。

某学校严禁学生染头发,结果屡禁不止,校长、老师都唉声叹气,感觉无能为力。后来一位老师沉下脸来,说:"我们有多少老师染头发?"结果发现许多老师都染着头发,于是校长写了一篇题为"爱美何需染发丝"的文章,发在校报上,所有老师的头发恢复了本色,不久,再检查,学生几乎也没有再染头发的现象了。

原文

子曰:"鲁卫之政,兄弟也。"

纪老师说

封建制和宗族制是西周社会政治的两大基石,血缘关系是周天子分封的主要考虑,除此之外贡献大小、"兴灭国,继绝世"都是分封的理由。西周的邦国很多,主要以姬姓为主,其中鲁国、卫国都是姬姓诸侯国。

鲁国的始封者周公、卫国的始封者康叔,二人是兄弟,所以孔子应该说鲁卫是兄弟国,这才是事实,那么孔子为什么说"鲁卫之政"呢?这么说也是基于现实:当时卫国的政局是卫出公以儿子对抗父亲,犯上;鲁国的政权被季氏三家所攫取,大权旁落。

当时的鲁国,公室衰微,三桓妄为,政出多门;礼乐征伐本应出自天子,但当时多半出自诸侯、大夫,甚至是家臣"陪臣执国命",天下大乱。

而那时的卫国呢,也是一地鸡毛,卫灵公孱弱,南子专权,太子作乱失败后逃往晋国;卫灵公死后,大家拥立卫灵公的孙子即位,后来太子回国赶走自己的儿子,再后来太子又被赶走。孔子两次来到卫国,情况一次比一次糟糕。

于是,孔子感叹,鲁、卫两国就是那个礼崩乐坏时代的一对难兄难弟啊。

原文

子谓卫公子荆①,"善居室②。始有,曰:'苟合矣③。'少有④,曰:'苟完⑤矣。'富有,曰:'苟美矣。'"

注释

①公子荆:卫国大夫,字南楚,卫献公的儿子。
②善居室:善于管理家业。居,居处。居室指处家过日子。
③苟合矣:差不多够了。苟,苟且,差不多。合,足,够。
④少有:稍稍增加了一点。少,稍稍,略微。
⑤完:完备。

纪老师说

卫公子荆是卫献公的庶子,他与蘧伯玉、公叔文子、史鱼等为同时期人,吴公子季札游历中原时曾与他谋面,对他颇为赏识,称其为君子,当时孔子只有七八岁。孔子在卫国期间,曾经在蘧伯玉家住过一段时间,但未见他与公子荆有交往记载,可能此时公子荆已经离世,所谓"卫公子荆善居室"之事,孔子也是听人转述,故而语焉不详。

卫公子荆虽然出身贵胄,但他生活简朴自律、清静淡泊。他自幼生活在宫中,长大后分室而居,能有一处独居的房子,他就心满意足了;

后来家中添丁加口,宫室为他改善居住条件,封之采邑,他觉得应有尽有、别无所求了;到了老年,家中人丁兴旺,宫室又为他扩大宅邸规模、添加精美装饰,他又由衷赞叹太过奢华完美。

卫公子荆虽然出自世袭豪门,但却懂得人生知足的真实含义,所以孔子对他由衷赞美,用了个"善"字,说他"善居室",这是孔子借卫公子荆来对比,批判当时卿大夫的奢侈之风。

钱财好比一匹烈马,如果你驾驭好了,就能驰骋疆场而凯旋,像比尔、盖茨、李嘉诚等许多大财团和大企业家一样,为人类的进步、为世界发展做出了辉煌的业绩,并大做慈善,取之于民用之于民。如果驾驭不当,就会摔个半死不活,那些被枪毙和判刑的贪官污吏,不都是让钱财的烈马带进了万劫不复的罪恶深渊吗?

"万里长城今犹在,不见当年秦始皇",还是看开些自在。

原文

子适卫，冉有仆①。子曰："庶②矣哉！"冉有曰："既庶矣，又何加③焉？"曰："富之④。"曰："既富矣，又何加焉？"曰："教之。"

注释

①仆：驾车。

②庶：多，众多。这里指人口众多。

③何加：添加什么呢。即指人口够了后还该做什么事。

④富之：使他们富起来。"富"，使动用法。

纪老师说

本篇两问两答的意思很简单，但关键在这三个字"庶、富、教"，这三字诀说的就是如何让国家长治久安的次第问题。

例如不能说"富"了才"教"，才搞"教育"，如果真是这样，那"教育兴国"又如何解释？这里，教育不就排在国之"兴"之"富"前了吗？这次第不就出问题了？

《学记》中写道："发虑宪，求善良，足以謏闻，不足以动众。就贤体远，足以动众，未足以化民。君子如欲化民成俗，其必由学乎！"

意思是"启发合乎法则的思考,征求德行善良的人,只能做到小有声明,却不足以感动大众。如果接近贤者,亲近疏远者,就能够感动大众,却不足以教化大众。君子如果要教化大众,形成良好的风俗,就必须从教育着手。"这是不是讲的要化民成俗的话,一定要把教育放在前面?

所以,孔子在这里不是要先搞经济后搞教育,只是因为冉有又问"又何加焉",就是说怎么样才更好。最好的当然是又富裕又有文化了,对吧?

"教"是使国家安定祥和的关键。

舜帝之所以能"至于荒服",其根本的原因就是推行教化。先时虞舜曾负责推行"五常"教育;后又举用"八元",让他们到四方传布五典之教;践帝位后,则命令契在全国推行"五典"之教,努力让国民掌握仁、义、礼、智、信的精粹,使君臣父子长幼皆忠孝,尊爱有序。

《新语·无为》曰:"尧舜之民可比屋而封,而桀纣之民可比屋而诛者,教化使然也。"是说尧舜时期的人一个个都可以封官,而夏桀、商纣时期的人一个个都该杀,这是教育与不教育造成的。

在今天的中国,经济总量全球第二,我们暂且似乎可以符合孔子所说的"富"了,"教之"的工作显得尤其必要,社会急切需要道德重建,需要一个好人有尊严,坏人无市场的安全环境,因此,此时教育比历史上的任何时代都更为重要。

> 原文

子曰:"苟①有用我者,期月②而已可也,三年有成。"

> 注释

①苟:如果。连词,表假设关系。
②期(jī)月:一周年。可,可以了。

> 纪老师说

这是一声壮志未酬而求用于世的呼唤,也是一则自我推销的广告,更是对自己理政才能的自信和对自己抱负不能施展的感慨。

孔子的确有这样的实力,他曾在五十一至五十四岁之间仕鲁,从中都宰到大司寇,并摄行相事,施展的舞台不能算小,时间也足足有三年之多。他确实没有食言,他已让鲁国得到了很大的改观,一个稳定而日趋繁荣的局面正在出现。

集市上的价格开始公平合理,没有了欺行霸市的现象,外地人到了都城曲阜,也不必向官员送礼求情,都能受到周到的接待。而夹谷会盟的胜利,更让鲁国在诸侯国中提高了威望。"堕三都"虽然以失败告终,却也向列国显示了鲁国改革的态度与治理国家的决心和力度。这一行动,不仅像一颗炸弹在鲁国引起上上下下的强烈震动,也在列国尤其

是东面接壤的邻居——齐国引起了巨大的震动。一种蓬勃向上的气象正在形成,人们似乎已经看到鲁国安定而又美好的未来。但这一切却不得不戛然而止。齐国大夫黎鉏为阻止孔子当政,便挑选齐国美女八十人,身穿华丽服装,跳着《康乐》舞蹈,连同有花纹的马三十匹,馈赠给鲁国国君,只要求鲁国驱逐孔子。

鲁定公得到美女后,终日宴乐,多日不上朝听政,不再任用孔子。这年的大祭后,按礼制应当把祭肉分赠给国中贵族。但在季氏授意下,唯独不给孔子家送祭肉。孔子感到失意,便带领弟子颜回、子路、子贡、冉求等数十人离开鲁国,开始了长达近十四年的流离生涯,而再也没有了施展治国抱负的机会。

孔子满腹经纶,却毫无用武之地,悲哉,孔子!

原文

子曰："'善人为邦①百年，亦可以胜残去杀②矣。'诚哉是言也！"

注释

①为邦：治理国家。

②胜残去杀：克服残暴，免除刑杀。

原文

子曰："如有王者，必世①而后仁。"

注释

①世：一世为三十年。这里指经过一世，是名词活用作动词。

纪老师说

王者施仁德于天下，其中境界当在善人之上，其治理成效也当在善人之上，善人为邦需百年，王者为邦则需三十年。

"胜残去杀"即"必世而后仁"，"胜残去杀"是从纲纪刑罚角度讲，"必世而后仁"则是从仁德礼制角度讲，异曲同工，仅时间差别

而已。

唐末五代,是中国历史上最黑暗、最腐败的时期,要改变这样一个现实,当然要"善人为邦百年"。你看宋朝,宋朝去除五代的奢靡风气,大约花了八十年。汉唐宋从统一到强盛大致经过了百多年;明朝从洪武至弘治中兴大致经过了一百三十年;清朝从顺治始,经康熙、雍正、乾隆,大约经过一百五十年,大清气象渐至隆盛,随现康乾盛世。

"如有王者,必世而后仁。"我猜想,这是不是孔子对未来世界发展的一种预测,或者说对自己学说的一种预测?

历史发展表明,经过春秋、战国的一番动乱,先是秦国利用法家思想、耕战之术实现了统一。但秦始皇死后不久,人民对于秦的严刑苛法极为不满,又是一番征战,西楚霸王项羽经历短暂的胜利后,经四年的"楚汉战争"被刘邦逼死,刘邦建立了西汉。西汉初年,黄老学说盛行,国家与民休息,得到了发展。到了汉武帝才"罢黜百家,独尊儒术"。从此直至民国,官方的思想都是儒家思想,包括我们每一个人,血液里或多或少都流淌着儒家气息。

如果把汉武帝当作王者的话,这之后的历史是不是也就可以看作是"必世而后仁"?社会终究接受了孔子的思想,并一直传承下去。甚至在其后的发展中,即便是蒙古人统治的元朝、满族人统治的清朝,经过短暂的反复,国家的官方主流思想一直是儒家的思想。

原文

子曰:"苟正其身矣,于从政乎何有①?不能正其身,如正人何②?"

注释

①何有:有什么困难呢,"何难之有"的省略。
②如正人何:对端正别人能起什么作用呢?

原文

冉子退朝。子曰:"何晏①也?"对曰:"有政。"子曰:"其事也。如有政,虽不吾以②,吾其与闻之③。"

注释

①晏:迟,晚。
②不吾以:不任用我。以,用,动词,这句为否定句代词作宾语,故前置。
③吾其与闻之:我也会知道的。其,句中语气词,起舒缓语气的作用,可不译。与,参与。

纪老师说

本篇的关键是"政"和"事"的区别。当时鲁君暗弱,季氏当政,但国事和家事还是应该区分清楚的,国君的事叫"政",季氏的事只能叫"事",这也是孔子"正名"思想的具体体现。

冉子此时为季氏宰,那么晚下班还要回到孔子那里汇报工作,本想蒙混过关,没料到老师目光如炬,一针见血。

孔子问他:"何晏也?"为什么这么晚回来?我们可以想见,冉求一副志得意满的样子,脱口而说:"有政。"孔子随口纠正:"其事也。""事",家事,非国家之政务,一个国政,一个家事;一为"政",一为"事"。表面上看仅一个词义的纠正,实际关涉国君安稳、欲行篡权的野心,纠正冉求一语,意在遏制季氏膨胀的野心。孔子一向有"素王"之称,因其渊博的学说、崇高的品德,凡国之政务,国之大事,一定会谋询于他。所以他说:"如有政,虽不吾以,吾其与闻之。"

冉求任季氏家臣,为季氏增加税赋,"聚敛而附益",扩大地盘,"谋伐颛臾"。孔子多次批评他,要他"陈力就列,不能则止"。在其位,谋其政,拿出力量担任职位,没有能力控制局面就停止工作,但冉求总是不听,于是孔子就时不时地敲打敲打他。

原文

　　定公问："一言而可以兴邦，有诸①？"孔子对曰："言不可以若是，其几②也。人之言曰：'为君难，为臣不易。'如知为君之难也，不几乎一言而兴邦乎？"曰："一言而丧邦，有诸？"孔子对曰："言不可以若是，其几也。人之言曰：'予无乐乎为君③，惟其言而莫予违④也。'如其善而莫之违也，不亦善乎？如不善而莫之违也，不几乎一言而丧邦乎？"

注释

　　①诸："之乎"合音兼词。

　　②几：近，接近，差不多。

　　③予无乐乎为君：我做国君，并没有可以高兴快乐的。乎，介词，和"为君"组成介宾结构，作全句补语，可不译，也可译为"对"。

　　④莫予违：没有人敢违抗我（的话）。否定句，代词"予"作宾语，前置。后句的"莫之违"结构同此。

纪老师说

　　一言兴邦，一言丧邦，乍一听很有些危言耸听，哪有这样厉害的一句话呢？

孔子这段对答很有味道，确实是治国的大经大法，如果能将"兴丧"两句好好加以体会，则治国不难。当然也不是说这两句话就可以马上兴邦或丧国，但这两句话却是兴邦与丧邦的分水岭。

"为君难，为臣不易"，用现在的话来说就是做领导人难，做中层干部也不易。没有一定的行政工作经验，是难以体会得到这句话的深度和分量的。相反，一旦能深刻体会到"为君难"，意识到治国之难，责任重大，有不得半点闪失，也就会勤勤恳恳、兢兢业业地尽心于国事，做到了这一点，国家也就会兴旺起来。

另一句话是说到权力的绝对性问题。如果一个国家的领导人，只是想到自己有至高无上的权力，并且以此为乐，以权力为享受，通过权力的力量，使错变对，就如同赵高的指鹿为马、秦桧的"莫须有"一样，而安徒生的《皇帝的新装》则是最恰当的比喻，极权独裁者就像那个没穿衣服的皇帝一样，没有人敢说出真相，那国家就差不多灭亡了吧。

当然，语言不是原子弹，不可能一下子炸毁一个国家；反过来也一样，没有哪一句话可以像"芝麻开门"那样神奇，一下子就兴旺一个国家。

但是，语言支配思想，思想决定大政方针，所以，有时候，关键的一句话就可以起到兴国亡国的作用，以我们所经历的时代来看，"抓党军内走资本主义道路的当权派"是不是搞乱了军队，搞乱了国家呢？而"实践是检验真理的唯一标准""科学技术是第一生产力""发展才是硬道理"，等等，每一句话是不是都起到了兴邦的重大作用呢？

原文

叶公①问政。子曰:"近者悦②,远者来。"

注释

①叶公:叶公姓沈,名诸梁,字子高。楚国的大夫,叶地(今河南叶县南有古叶城)的县令。

②近者:指境内的人。和"远者(境外的人)"相对而言。悦,使高兴,和下句的"来"都是使动用法。

纪老师说

孔子在回答叶公问政时,提出好国家的标准是:国内人民幸福指数高,国外的人都想移民过来。内政外交,一语囊括。

只有国力强盛,老百姓安居乐业,心情愉快,生活蒸蒸日上,远处的人才会因羡慕而来。百姓的衣食住行无小事,柴米油盐酱醋茶,需要事事关心,不但物质生活要富裕,精神生活也要丰富多彩。只有为百姓谋福利,才会得到百姓的拥护,静水载舟,才能实现近者悦、远者来。

商纣王横征暴敛,用民脂民膏建立豪华的鹿台只顾自己享乐,草菅人命,用炮烙之惨、剖心之酷来镇压不同的声音,以致百姓怨声载道,近者逃,远者惧。

　　周文王鼓励百姓多养牛羊，多种粮食，不准贵族打猎糟蹋庄稼，减轻刑罚，养老乞言，倾听民意，一系列措施使老百姓生活富足安乐，远方的人闻说后纷纷迁居来此，民心向背，最终决定了周朝替代商朝统一了天下。

原文

子夏为莒父宰①，问政。子曰："无欲速②，无见小利。欲速则不达；见小利则大事不成。"

注释

①莒父：鲁国的一个城邑，在今山东莒县境内。宰，县令。
②欲速：求快，图快。

纪老师说

子夏格局不大，孔子因材施教，让他不要迷恋速度，不要被小利遮蔽了双眼，要勇于做一个理想主义者。

我们正处于一个"速度"时代，跟三四十年前相比，我们已经拥有了太多的东西，但我们反而越来越怀念从前的日子。如木心的诗歌："从前的日色变得慢，车、马、邮件都慢，一生只够爱一个人。"在这样一个崇尚"速成"的时代中，也许我们正在跟理想渐行渐远。

我们希望自己的孩子走得更快吗？孟子说："其进锐者，其退速。"老子说："飘风不终朝，骤雨不终日。"世上从来都没有又快又远的好事。比如，小学一年级的学生，你让他直接上中学，根本达不到教育他成才的目的，只有循序渐进地学习，才能一步一步慢慢地了解高

深的知识。

宋国有个人,见别人家的庄稼长得很好,总觉得自己家的庄稼长得太慢,很是着急。有一天他忽然想出了一个好办法,于是便将自己地里的禾苗一棵一棵全部拔高了一截。看着自己家的庄稼一下子比别人家的庄稼长高了,感到非常高兴。回到家里他得意地对家人说:"今天可把我累坏了,我一个人让地里所有的庄稼都长高了一大截!"他的儿子听完他的详细介绍,立刻跑到地里去看,结果发现他们家的禾苗全都枯死了。

这个揠苗助长的故事就充分地说明了欲速则不达的道理,我们绝不要做这样的蠢人。

原文

叶公语孔子曰："吾党有直躬者①，其父攘②羊，而子证③之。"孔子曰："吾党之直者异于是：父为子隐④，子为父隐，直在其中矣。"

注释

①党：家乡，本乡本土。古代一万二千五百家为乡，五百乡为党。直躬者，直身而行者，即坦白直率正直的人。

②攘：偷窃。

③证：告发。

④隐：隐瞒。孔子主张父慈、子孝，所以提出父子应该相隐。

纪老师说

什么是直？直是内心情感的真实流露，是内心想法的真实流露。一个没有被规范所驯化的人，他的真实想法是怎样，那就是直。叶公讲的不是直，是被理性、礼法、规定、要求驯化后的感情表达。孔子说，父为子隐，子为父隐才是真正的直。叶公的"直"应该叫卖直，刻意显示自己的直，类似的如"卖老"。

《史记·循吏列传》中记载：石奢是楚昭王的相，其父杀人，石奢

纵父自系,他说如果治父亲杀人之罪就是不孝,但是放走父亲自己又属于不忠,所以请求昭王治自己的罪。楚昭王决定赦免他,石奢说放走父亲是为了孝道,负荆请罪是臣道,王赦其罪是王道,"伏诛而死,臣职也",无论楚昭王还是石奢都难以抉择。

上海一个母亲因犯诈骗罪潜逃,公安部门到学校找她12岁的儿子了解案情,被学校拒之门外,对学校而言那不是什么疑犯的儿子而是自己的学生。

2012年颁布的《刑事诉讼法修正案》规定:"经人民法院依法通知,证人应当出庭作证,没有正当理由,人民法院可以强制其到庭,但是被告人的配偶、父母、子女除外。"

上海某校所为和司法部门的规定,都体现了人道主义的关怀,更合乎人之常情。

孔子看到了人性最根本的东西:仁、孝。"百善孝为先","仁孝"是治国的根本,家庭是社会的基本细胞,不主张家庭内部格虐残杀,讲求仁和,讲究"天理人性"。现代司法的"沉默权",包括西方社会许多法律条文对"亲亲互隐"也是取认可的态度,也应该看作是对这一"先孝后忠"思想的认可。

原文

樊迟问仁。子曰："居处恭①，执事敬②，与人忠。虽之夷狄③，不可弃也。"

注释

①恭：恭敬。

②敬：严肃认真。"敬"指敬业。

③夷狄：我国古代称东方和北方的少数民族为夷狄。

纪老师说

樊迟又来问仁了，这是樊迟第三次问仁，这孩子的反射弧不是一般的长啊。

在《雍也篇》里孔子回答他"先难后获"，在《颜渊篇》里孔子回答他"仁者爱人"，这次孔子回答他"居处恭""执事敬""与人忠"，也就是你平时生活的时候要恭敬；做事的时候要有一颗诚敬之心；对人要竭尽全力。即使你身在蛮夷之邦，这些品格也不应该被抛弃，这就是仁德。

纪连海谈 论语

  这一句其实是对"先难后获"的"难"的补充,"先难"于什么,就要在这三点上下功夫,将这三点做好了,自然有大收获。这三点也就是对人、对事、对己的态度,对自己要严格要求,对工作要有敬业精神,对他人要忠诚。

原文

子贡问曰:"何如斯可谓之士矣?"子曰:"行己有耻①,使于四方,不辱君命,可谓士矣。"曰:"敢问其次。"曰:"宗族称孝焉,乡党称弟②焉。"曰:"敢问其次。"曰:"言必信,行必果③,硁硁然④小人哉!抑亦可以为次矣。"曰:"今之从政者何如?"子曰:"噫!斗筲之人⑤,何足算也!"

注释

①行己有耻:己行有廉耻。

②乡党:家乡,本乡本土。这里指同乡土的人。弟,通"悌",指尊敬、顺从兄长。

③果:果断,坚决。

④硁硁:石头碰石头。硁硁然,浅薄固执的样子。然,形容词词尾。

⑤斗筲之人:指器量狭小的人。斗,古代量器。筲,竹器。斗筲的容量都很小,故用以指器量狭小的人。

纪老师说

本篇讨论"士",以及士的三个层次。

"士"是中国古代社会中的一个特殊阶层,与近代文化中的知识分子相近。在商周时代,士属于贵族中的下层,到春秋时代,则成了介于贵族与平民之间的一个特殊阶层。孔子就生活在这个时代,他本人也是这个阶层中的一员。所以,他和他的学生们对士有过各种论述。

哪些人称得上"士"呢?

最高等的是"使于四方"而又"不辱君命"者,无疑是指才能出众、名声远扬的人,是参与国家大事的"入仕"的士,或者说是"用之则行""达则兼善天下"的士,否则哪会有出使外国的资格?

次等的是"宗族称孝焉、乡党称弟焉"的,当然也是德才兼备、名声显于一方之人,不过相比于最高等的,其影响范围要小得多,是在乡赋闲,没有在朝廷做官,或者说是"舍之则藏""穷则独善其身"的士。因为在孔子生活的时代,交通不便,信息阻塞,不在外做官或能与官府打交道的人,要想在宗族、乡里有知名度,那也是很难的。

末等的,即"再次一等的",因为也是士,就也是有德之人,他们同样是"言必信,行必果"的人,但他们没有官职,不好从其声名方面加以描述了,于是加一句"硁硁然小人哉"。由此可知,这个"小人"一点不含道德上的贬义,仅仅是相对于官员而言的称谓,即指没有官职的平民百姓。

成语"言必信,行必果"即出于此,意思是说了就一定要守信用,许诺的事情一定要办到。

东汉时,山阳人范式同相隔几千里的汝南人张劭读书时有深交。学成后话别,范式说:"两年后的今天,我将来府上看望你,并拜见伯父伯母。"

到了约定之日,张劭催母亲做饭准备迎接范式。母亲笑着说:"范式远在几千里之外,怎能说来就来,两年前说的话,哪能当真?"

张劭说:"范式最守信用,他一定会来的。"

母亲说:"他若真来了,就是真君子,我一定为他酿酒。"

话音刚落,范式已到门前。

范式果然是"言必信,行必果"的真君子。

原文

子曰:"不得中行而与之,必也狂狷①乎!狂者进取,狷者有所不为也。"

注释

①狂狷:狂,狂妄,激进。即志向高大却未必能够实行。狷(juàn),狷介,拘谨,退缩,保守。

纪老师说

狂者、狷者是相对于"中行"的人而言的。"中行"的人是懂得中庸之道的人,是孔子心目中最理想的人,也是很难遇见的人,所以孔子说很难得与这样的人相交。于是便退而求其次,与狂者和狷者相交。狂者是进取的人,狷者是有所不为的人。

重要的是,我们要认识这两种人各自的缺点和毛病,从而用"中行"标准来加以调节,使之不走极端而接近"中行"。说到底,还是一个"过与不及"的问题,狂者太过,狷者不及。

历史上历来不乏才高八斗的狂狷者。

金圣叹,这位钻研哲学却没能成为哲学家、诗文有集却不以诗文名世的天才狂士,因为批了六才子书和《唐才子律诗》,成为中国古代文学批评史的一代宗师。

然而,这位宗师的命运是如此的滑稽:有一年,他听说顺治皇帝称赞他评点的才子书和他的诗文,于是整日怀着"何人窗下无佳作,几个曾经御笔评"的感恩之心等待皇帝的召见。结果,等到的不是顺治的召见,而是顺治的死讯。

后来,这位狂生参与书生们的反腐败斗争,到先帝庙中哭庙,向死去的"伯乐"倾吐自己的忠心并哭诉官吏的腐败,换来了斩首的酷刑。

临刑前不忘幽默一番,写信给儿子说:"腌菜与黄豆同吃,很有胡桃的味道。这一吃法能传下去,我就死而无憾了。"

纪连海谈 论语

原文

子曰:"南人①有言曰:'人而无恒,不可以作巫医②。'善夫!""不恒其德,或承之羞③。"子曰:"不占而已矣。"

注释

①南人:前人多注为"南国之人"。
②巫医:用占卦的方法给人治病的人。
③不恒其德,或承之羞:这两句引自《易经·恒卦·九三爻辞》。意思是说无恒德的人会遭受羞辱。或,有时,时时。承,遭受。

纪老师说

有人说在古代,大概在春秋之时,巫医正式分家,从此巫师不再承担治病救人的职责,只是问求鬼神,占卜吉凶;而医师也不再求神问鬼,只负责救死扶伤,悬壶济世。

"南人",有版本为"宋人",作为殷商后裔,他们应当继承了殷商对卜筮的狂热。先秦时期,"南人"还是一个歧视性的称呼,孟子在嘲讽农家许行时曾说"南蛮鴂舌之人",说他们南方人说话像鸟叫一样,但这一次他们用鸟叫般的声音,说出了一句让孔子称赞的话:人如果没有恒心是不可以做医生的。

本篇孔子引南人言，又引易爻辞，证明如果没有恒心，连巫师、医生这种技术活都不能够去做，强调了恒心的重要性。

齐白石是中国近代画坛的一代宗师。齐老先生不仅擅长书画，还对篆刻有极高的造诣，但他并非天生如此，也经过了非常刻苦的磨炼和不懈的努力，才把篆刻艺术练就到出神入化的境界。

年轻时候的齐白石就特别喜爱篆刻，但他总是对自己的篆刻技术不满意。他向一位老篆刻艺人虚心求教，老篆刻家对他说："你去挑一担础石回家，要刻了磨，磨了刻，等到这一担石头都变成了泥浆，那时你的印就刻好了。"

于是，齐白石就按照老篆刻师的意思做了。他挑了一担础石来，一边刻，一边磨，一边拿古代篆刻艺术品来对照琢磨，就这样一直夜以继日地刻着。刻了磨平，磨平了再刻。手上不知起了多少个血泡，日复一日，年复一年，础石越来越少，而地上淤积的泥浆却越来越厚。最后，一担础石终于统统都被"化石为泥"了。

这坚硬的础石不仅磨砺了齐白石的意志，而且使他的篆刻艺术也在磨炼中不断长进，他刻的印雄健、洗练，独树一帜。渐渐地，他的篆刻艺术达到了炉火纯青的境界。

纪连海谈 论语

原文

子曰:"君子和而不同,小人同而不和。"

纪老师说

如五味相异才能成就一番舌尖上的狂欢,五音不同方可奏出一段天籁之音,"和而不同"是儒家所追求的一种兼收并蓄的精神境界。

"和而不同",是指君子在人际交往中能够与他人保持一种和谐友善的关系,但在对具体问题的看法上却不必苟同于对方;所谓"同而不和"则是指小人习惯于在对问题的看法上迎合别人的心理、附和别人的言论,但在内心深处却并不抱有一种和谐友善的态度。

北宋曾经有两个宰相,一个叫司马光,一个叫王安石,一个是保守派,一个是改革派。

司马光和王安石,性格迥异,又是政敌,两个人你方唱罢我登场,轮流做宰相。他们两人的政治主张,相差十万八千里。在庙堂之上,司马光和王安石是死对头,彼此都认为对方的执政方针荒谬至极,都觉得自己比对方高明,比对方正确,比对方更了解国情。所以在争夺权力的过程中,两人丝毫都不客气,用各种手段,向对方痛下杀手。斗争的结果是王安石获胜,司马光从宰相宝座上被赶了下来。

王安石大权在握,皇帝询问他对司马光的看法,王安石大加赞赏,称司马光为"国之栋梁",对他的人品、能力、文学造诣都给了很高的评价。

正因为如此,虽然司马光失去了皇帝的信任,但是并没有因为大权旁落而陷入悲惨的境地,得以从容地"退江湖之远",吟诗作赋,锦衣玉食。

风水轮流转,正所谓三十年河东,三十年河西。愤世嫉俗的王安石强力推行改革,不仅触动了皇亲贵胄的利益,也招致地方官的强烈不满,朝野一片骂声,逢朝必有弹劾。皇帝本来十分信任王安石,怎奈三人成虎,天天听到有人说王安石的不是,终于失去了耐心,将他就地免职,重新任命司马光为宰相。

墙倒众人推,王安石既然已经被罢官,很多官员就跳出来,向皇帝告他的黑状。皇帝听信谗言,要治王安石的罪,征求司马光的意见。

很多人都以为,王安石害司马光丢了官,现在皇帝要治他的罪,正是落井下石的好时机,然而司马光并不打算做压死骆驼的最后一根稻草。他恳切地告诉皇帝,王安石嫉恶如仇,胸怀坦荡忠心耿耿,有古君子之风,陛下万万不可听信谗言。

皇帝听完司马光对王安石的评价,说了一句话:"卿等皆君子也!"

纪连海谈 论语

原文

子贡问曰:"乡人皆好①之,何如?"子曰:"未可也。""乡人皆恶②之,何如?"子曰:"未可也。不如③乡人之善者好之,其不善者恶之。"

注释

①好:喜欢,赞扬。

②恶:讨厌,憎恶。

③不如:赶不上。指前面说的两种人比不上后面说的人,故译为"最好的人"。

纪老师说

世上总是善恶并存、美丑同在,任何地方都有善人、有恶人。善人、恶人都说他好,这本身就有问题。好人喜欢他说明他真好,坏人喜欢他就有问题了。

乡人皆讨厌他——好人讨厌他可以理解,他有问题,但坏人也讨厌他,或者坏人讨厌他可以理解,那为什么好人也讨厌他呢?

所以孔子说,同乡之中善良的人喜欢他,不善的人讨厌他,说明这个人才是真好,这是对人品的评价,孔子讲得很深刻。

如果全乡都在夸奖某一个人，他要么是个神仙，要么就是个骗子。有人说，真坏人不可怕，最可怕的是假好人，因为他们极具欺骗性，最容易引人上当受骗。

全能神为了拉人入教，专门编写了培训教材——《东方闪电摸底铺路细则》，内容明确要求信徒在拉人入教时要与他人打成一片，到人家勤快一些，不懒惰，帮助扫扫地、做做饭，等等，一起生活习惯随着人家，不挑吃，家常饭即可；要给小恩小惠拉拢人，给小孩子买小食品，或给接待家庭买一些青菜，对一些家庭活儿太忙的人、没有时间和咱交流可以帮他干活，等等。他们甚至还帮助别人找对象，介绍工作、理发、做服装、还债、找活儿……还会赠送给你高档化妆品、烟酒、手机、首饰、衣服或贵重家电……但他们如此下血本的帮助你时，可要留心了，他们不是真雷锋，不是帮你办好事的，下一步他们要做的就是引诱你入教，骗取你的钱财。

在1998年，河南唐河的普通农民马冬华，遇到了一位全能神信徒"祝姐"。"祝姐"不仅无偿帮助马冬华带孩子、做家务，还在马冬华的孩子得肺炎住院时，拿出2000元给马冬华救急，从而使马冬华感动不已，最后被"祝姐"拉入邪教之中。等到被骗光了钱财，这位马大姐才明白，自己遇到了假雷锋，真邪教。

原文

子曰:"君子易事而难说①也。说之不以道,不说也;及其使人也,器之②。小人难事而易说也。说之虽不以道,说也;及其使人也,求备③焉。"

注释

①说:通"悦",使喜悦,不带宾语的使动用法。(后面五个"说"均同"悦")一解,"说"就是"说话"的说,不通"悦"。

②器之:指按各个人的才能而加以合理使用,也即量才使用。器,名词活用作动词。

③求备:求全,求完备。

纪老师说

从孔子的这些论述中,我们可以看到君子和小人往往是冰炭不容、相互对立的,道出了君子、小人的另一个区别:做君子下属和做小人下属的区别。

君子的道德、是非观念很强,这些观念有一个总的原则,也就是君子之道,所以你要想真正让他喜欢是一件比较困难的事情,因为你也必须具备和他一样的道德、是非观念,有着和他一样的思想、言语和行为，他才会真正地喜欢你。但是君子知道，一般人是很难做到这些的，所以君子可能并未能十足真心地喜欢你，但是在他需要安排人去做事的时候，会去衡量各人的才德，分配任务，并且不会求全责备。

小人却不是这样，你要讨他喜欢很容易，四个字"投其所好"，即便其所好非道。而小人在安排人的时候，还有一个特点，就是百般挑剔，求全责备，所求全者，亦是一己之私意而已，若得小人满意，须得深入揣摩其心意，各项事宜只求"投其所好"即可。

以前有一位国王，他少了一条腿，而且一只眼睛也瞎了，但好大喜功。国王很想将他那副尊容画下来，留给后代子民瞻仰，就请来全国最好的画家为他画像。

第一个画家的确是第一流的，画得很逼真、很传神，但是国王看了之后很难过，说："我这么一副残缺相，怎么传得下去？"就把画家给杀了。

国王又请来第二个画家，第二个画家因有前车之鉴，不敢据实作画，就把国王画得圆满无缺，把断的腿补上去，将瞎眼也画亮了，国王看了之后更难过，说："这个不是我，你在讽刺我。"又把他给杀了。

后来又请来第三个画家，第三个画家怎么办呢？写实派的给杀了，完美派的也给杀了，想了好久，急中生智，画他单腿跪下闭住一只眼瞄准射击，把国王的优点全部表现出来，把国王的缺点全部掩盖起来。

这幅画国王看了之后十分满意，并对这个画家加以重赏。

纪连海谈 论语

原文

子曰:"君子泰而不骄,小人骄而不泰。"

纪老师说 ● ● ●

君子泰然,小人骄横。君子和小人就写在脸上,这脸上的字就是"泰"和"骄"。

我们常说,人不可有傲气,但不可无傲骨。这就是君子和小人的区别:君子没有傲气,但是有傲骨。没有傲气,体现在他能谦恭有礼,待人和善;有傲骨则体现在他内心意志的坚强上。小人有傲气,但无傲骨。小人处处显摆,骄矜自胜,但是他内心缺乏坚强的意志,这样的个性自然不会有利于他自身的发展。

越是德高望重之人,越是谦卑有礼,虚怀若谷;越是德浅才疏之人,越是刚愎自用,自以为是。

战国时期晏子的车夫的故事,就说明了这个道理。

有一天晏子乘车外出,马车正好从车夫的家门前经过,车夫的妻子从门缝里偷偷地往外看,只见自己的丈夫替相国驾车,坐在车上的大伞盖下,挥鞭赶着高头大马,神气活现,十分得意。

车夫回到家里,妻子很不高兴。车夫忙问发生了什么事情。妻子说:"晏子身为齐国宰相,在诸侯各国中很有名望,可我看他坐在车上，仪容是那样端庄深沉，态度是那样谦逊。而你呢，只不过是给相国赶赶车罢了，却趾高气扬，表现出一副很了不起的样子，像你这样的人还会有什么出息呢？"

车夫仔细琢磨妻子的这番话，既受到教育又感到惭愧，便向妻子认错。

自此以后，车夫变得谦逊谨慎起来。车夫的这一变化，使晏子感到奇怪，问车夫原因，车夫把妻子的话如实地告诉了晏子。晏子认为车夫的妻子很有见解，也对车夫勇于改过的态度感到满意，便推荐车夫做了大夫。

纪连海谈 论语

原文

子曰："刚、毅、木、讷近仁①。"

注释

①毅：坚毅，果断。木：质朴，朴实。讷：说话迟钝。

纪老师说

刚毅木讷作为人的气质，本身并不是仁，但孔子认为这样的气质容易让人近乎仁。为什么呢？孔子并没有论证。想来，大概是刚，坚强，毅，坚韧，不容易受诱惑；木，质朴，讷，迟钝，不容易变来变去。

孔子在为人处事、待人接物上，有一个鲜明的特点，那就是厌恶夸夸其谈的花言巧语；相反，他嘉许寡言少语，推崇不善言辞，甚至有点拙笨的"木讷"，盛赞它是"近乎仁"的美德。

"刚、毅、木、讷"这实际上是一个男子汉的形象，大画家齐白石老人，就有这样的特质。

抗日战争时期，北平伪警司令、大特务头子宣铁吾过生日，邀请大师齐白石赴宴作画。齐白石被迫来到宴会厅，环顾了一下满堂所有的宾客，略为思索，铺开宣纸挥洒。转眼间一只水墨螃蟹跃然于纸上。众人赞口不绝。不料，齐白石笔锋轻轻一挥，在画侧提一行字："横行到几时"。后书"赠，宜铁吾将军"，然后佛袖而去。

1937年日本侵略者占领了北平，齐白石为了不受敌人利用，坚持闭门不出，并在门上贴出了告示："中外长官，要有买白石之画者，用代表人可矣，不用亲驾到门，从来官不扰民，官扰民，主人不利。谨此告知，恕不接见。"齐白石觉得欠妥，又画了一幅画来表明自己的心迹。画面很特殊，一般画家在画翡翠时，都是让翡翠在石头或荷径上，以便窥视水里的鱼，齐白石却一反常态，不画水面上的鲟鱼，而画深水中的虾，并在上面提字："从来画翡翠者必画鱼，余独画虾，虾不浮，翡翠怎奈何？"齐白石自喻为虾，并把做官和当汉奸比作入污泥的翡翠，其寓义深长，发人深思。

齐白石老人的所为，让人感受到一种刚强坚毅、大义凛然，感受到一种民族气节、傲然挺立。

纪连海谈 论语

原文

子路问曰:"何如斯可谓之士矣?"子曰:"切切偲偲①,怡怡如②也,可谓士矣。朋友切切偲偲,兄弟怡怡。"

注释

①切切偲偲:互相间恳切地提出善意批评的样子。切切,恳切。偲偲,相互督促,相互勉励。

②怡怡如:和悦、愉快的样子。

纪老师说

哪些人称得上"士"?这个问题子贡刚问过,孔子抓住机会把那些混饭吃的人奚落了一番,说他们"斗筲之人,何足算也"?

孔子在回答子路同样问题时就严肃多了:士是那些能够分得清朋友和兄弟的人。朋友之间相互砥砺,兄弟之间亲密无间。

唐代大诗人元稹、白居易的友情,绝对称得上"切切偲偲,怡怡如也"。

俗话说"文人相轻",但在唐代文坛上,却有两个文人给后人留下了文人相亲的佳话,他们是白居易和元稹。两人的友谊是在共患难中建立起来的。

元和十年（公年815年）正月，白居易与元稹在长安久别重逢，两人经常畅谈达旦，吟诗酬和，但事隔不久，元稹因为直言劝谏，触怒了宦官显贵，在那年三月被贬为通州司马。

同年八月，白居易也因要求追查宰相武元衡被藩镇军阀李师道勾结宦官暗杀身亡一案，被权臣嫉恨，宪宗听信谗言，把他贬为江州（今江西九江）司马。

休戚相关的命运，把白居易与元稹紧紧联系在一起，他们一生交谊很深，世人称为"元白"。

纪连海谈 论语

原文

子曰:"善人教民七年,亦可以即戎①矣。"

注释

①即戎:当兵打仗。即,就,从事。戎,戎事,战争。

原文

子曰:"以不教民战,是谓弃之。"

纪老师说

这两篇是孔子对军事的思考。

孔子的主张很明显:他以为必要的军备是必须的,而必要的战争又是当然的,那么如果要准备军备和进行战争,对派遣战争的参与者,就必须进行必要的战事训练;而派遣没有经过训练的国民参与战争,就等于让他们在前线白白地送死(因不懂战事)。故"以不教民战"不仅仅直接贻害了战事,而且首先就是对人的不负责任。

"教民七年",善人当政,他一定是会用礼乐去教化民众,会训练民众的作战能力与技能,这样老百姓就会有正义感,就会勇敢、睿智、仁爱,会听懂战术、运用武器,这样的人就可以去打仗了。

"不教民"就是未经教化的老百姓，让他们去打仗，必败无疑。明知他们必败，还要让他们去打仗，这就是拿他们来当人肉炸弹以维护政权，所以这个叫作"弃之"，是非常残忍的行为，孔子在这里做出了非常猛烈的批判。

在中国，军训最早可追溯至夏商时期。根据记载，在商代，由于诸侯间战争增多，统治者对军事训练日益重视，除了对正规军队进行训练外，还通过学校对各级贵族进行军事教育。从西周开始，官学分"国学"与"乡学"，并有"小学"和"大学"两级。其中的"大学"，即以"六艺"为标准课程，"礼、乐、射、御、书、数"成为学生需要掌握的六种基本才能，其中的射、御，即为古代的军训，教师一般直接由军官担任。

到了诸侯纷争的春秋战国时期，"兵者，国之大事，死生之地，存亡之道，不可不察也"，各国更加重视军事人才教育和训练，军训成为官办学校教育的重要内容，就连孔子的"民办学校"也很重视军训。

孔子作为中国国民教育的开创者，他在教育过程中，将射御之术看得与礼乐教化一样重要，《孔子家语·观乡射》就记载有孔子教射的内容。孔子说，"射御足力则贤"，把军事技能优劣，视为一个人贤能与否的标志，认为"以不教民战，是谓弃之"。

孔子曾在矍相的园圃亲自教弟子学习射箭的事，他在教弟子习射的同时，还不失时机地对民众进行礼的教育。可见，孔式教育理念是讲究文武兼修的。

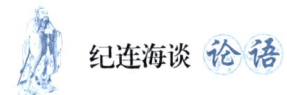

宪问篇

原文

宪问耻。子曰："邦有道，谷；邦无道，谷，耻也。""克、伐、怨、欲不行焉，可以为仁矣？"子曰："可以为难矣，仁则吾不知也。"

纪老师说

"宪"，是指孔子的学生原宪，也叫原思，本章是原宪"问耻""问仁"，或者说本章言为官的态度更合乎儒家真意。

关于"耻"与章中"邦有道，贫且贱焉，耻也；邦无道，富且贵焉，耻也"，意思大体相同，都是说一个人谋取财富的手段、方式应与国家的政局情况相适应，不过那里是从"谋"和"不谋"两方面讲，这里单从"领薪水"（"谷"）这一方面讲，抽象一点说就是：一个人只是做事拿钱，不问为谁服务；只顾个人经济效益，不问所做事情的社会影响，这就是耻辱。

孔子认为，为官一任一定要造福一方，或做出有益于君主和民众的业绩，而不可占着位子，碌碌无为地拿着俸禄，君子是耻于白拿俸禄而无所事事的。邦有道，当有为；邦无道，可独善。此正是"用之则行，舍之则藏"之至高境界，若是但知食禄，无论是否"邦有道"，则是可耻的。

这番话，主要是针对那些身居官位和有功于国家社稷的人而言，在那个时代里很容易表现出"争强好胜、骄傲自大、怨天尤人、贪婪自私"这四种性情，这是可耻，也可恶的。

但孔子接着说，即便是这四种性情都没有的人依然还没有达到"仁"的境界。因为一个人仅仅没有不良表现，还不足以证明他怀有仁心，必须还要有相应的德性，才能肯定他是仁人。

实际上，我们对于"无不良表现"的人，通常也只是说他"人还不错"，不会表扬他是大好人。一个人虽然没有德行，可也没有做坏事，也确实不错了，孔子给以"难能可贵"的评价，是很中肯的。

《世说新语》中第一篇提到的陈蕃，就是汉末著名的大儒，东汉末大臣。汉桓帝时为太尉，汉灵帝时为太傅。此人为官耿直，颇硬气。桓帝朝，因犯颜直谏曾多次左迁；灵帝朝虽得信任重用，却因和大将军窦武共同谋划剪除阉宦，事败而死。

陈蕃的一生，始终都处在宫廷争斗时的动荡之中。作为东汉的大臣，他要么与专权的外戚争锋，要么和弄事的宦官相抗。《后汉书》的作者，南朝宋人范晔在评价陈蕃时，说他：贤能树立风声，不计个人荣辱。在朝纲崩乱之际，与奸佞之人同朝争锋，以致最终惨死在这上面。同时，说陈蕃以遁世为非义，所以屡退而不去，以仁心为己任，虽道远而弥厉。虽然大功未告成，但其信义足以携持民心。百余年间，汉室乱而不亡，陈蕃功劳最大矣。

范晔的话，虽是一家之言，却道出了陈蕃作为汉室重臣为朝廷乱而不亡做出的独特贡献。这其中，陈蕃不避强权、犯颜直谏的做法最让世人赞叹。

纪连海谈 论语

原文

子曰："士而怀居①，不足以为士矣。"

注释

①怀：思念，留恋。居，居处，安居。这里指安逸的家庭生活。

纪老师说

通俗一点的话就是，"老婆孩子热炕头"的生活，不应该是士留恋的。士要志在四方，为国家效力，不可只待在家里经营小家庭，否则，够不上士。

孔子在《里仁》篇里说过："士忠于道，而耻恶衣恶食者，未足与议也。"

曾子也说过："士不可以不弘毅，任重而道远。"（《泰伯》）

儒学虽不是苦行禁欲主义，但却主张艰苦奋斗。

《左传·僖公二十三年》载，晋公子重耳流亡到齐国的时候，住进了好房子，又有大小老婆陪侍左右，于是便不想再走了。他老婆姜氏骂他说："行也！怀与安，实败名。"大意是："走吧，你，怀恋享乐和安于现状，实在可以摧毁一个人的名声！"这正是孔子的意思。所以，如果你是读书人，就不要去贪恋家居的温柔之乡。

姜氏则在重耳似乎沉迷于安逸生活的时候，明白重耳的大事。于是与子犯商量，把重耳灌醉后将其送走，这才有了后来的晋文公重耳，才成就了齐国春秋的霸业。

败名之事，人皆恶之。所以，好男儿应志在四方。正如毛泽东16岁写下的诗："男儿立志出乡关，学不成名誓不还；埋骨何须桑梓地，人生无处不青山！"

纪连海谈 论语

原文

子曰:"邦有道,危①言危行;邦无道,危行言孙②。"

注释

①危:直,正直。
②孙:通"逊",随和,恭顺。

纪老师说

孔子一向不主张死打硬拼,他主张正直的人必须有智慧,善于保护自己,"明哲保身"。

邦有道的时候,可以直言直行;邦无道的时候要学会装疯卖傻,保护自己,"临事而惧,好谋而成者",才是孔子最欣赏的人,所以他说:"邦无道,危行言孙。"即国家混乱时,应该做一个正直的人,也就是"危行",但应"言孙",就是说话谦逊谨慎,装糊涂,要像卫国大夫宁武子一样,"邦无道则愚",达到"其愚而不可及"的状态。这样才不致招来杀身之祸。保全气节,同时也要保全生命,这是最高原则。

印度的甘地，奉行"不抵抗，不合作"主义，不发一枪一弹，把印度从英国殖民者手中解救出来，完全符合孔子的思想。

有人说，儒家文化是迂腐的，但你看孔子，他告诉给我们多么巧妙的处世方法呀，既保护了自己正直的人品，不随波逐流，同时也保护了自己的生命，与世沉浮而不失灵活机动。

纪连海谈 论语

原文

子曰:"有德者必有言,有言者不必有德。仁者必有勇,勇者不必有仁。"

纪老师说

本章孔子讲述了德者与言者、仁者与勇者之间的充分必然关系。有德者必有言,有仁者必有勇;反之,有言者不一定有德,有勇者不一定有仁。

那些逞莽夫之勇,不计正义,不计后果,街头打架斗狠,战场助纣为虐的行为,即便是视死若生,也称不上仁德。只有分清善恶,为正义的事情抛头颅洒热血在所不惜的,才是仁德之人。其实这是孔子在论仁、智、勇三者的关系,仁德相同,言者有智,仁者高于智者和勇者。

从愿望来说,我们当然是希望有言者又有德,有勇者又有仁。

《左传》说,太上立德,其次立功,其次立言。

尧舜禅让天下、夷齐耻食周粟,为后世立下身德;神农尝百草,大禹治洪水,嬴政一统六国,立下齐天大功;孔子"祖述尧舜,宪章文武",王阳明创立"心学",传播"良知",写就赫赫伟言。

"立德立功立言三不朽,为师为将为相一完人。"有人这样称赞满清重臣曾国藩,据说他的《曾文正公全集》有两个铁杆粉丝,一个是毛泽东，一个是蒋介石。

"三立"，可以说是成功人生的"三部曲"，即：修养完美的道德品行，建立伟大的功勋业绩，确立独到的论说言辞。说白了，就是做人、做事、做学问。清代曾国藩大到治国、治军，小到治家、修身都有很多东西值得我们思考和学习。

纪连海谈 论语

原文

南宫适问于孔子曰:"羿①善射,奡②荡舟,俱不得其死然。禹③、稷躬稼而有天下。"孔子不答。南宫适出,子曰:"君子哉若人!尚④德哉若人!"

注释

①羿(yì):传说是夏代有穷国的君主,射箭能手。曾夺夏太康的王位,后被寒浞(zhuó)所杀。

②奡(ào):传说是寒浞的儿子。是个大力士,能够在陆地行舟,后为夏后少康所杀。

③禹:夏代的开国君主,治水有功,重视农业生产。

④尚:崇尚,尊重。

纪老师说

射日的后羿,由于他英勇善战,所以得到了夏国人的支持,取代了夏朝,国号有穷。而寒浞是能够陆地行舟的奡之父,是伯明部落的"谗子弟",被其部落酋长伯明后寒弃用后,投靠后羿,以巧言令色取得后羿的信任,并荣任国相。

后羿仗持天下第一的射术,依旧发挥他的击射特长而不修民事,后来被"家众杀而烹之,以食其子,其子不忍食诸,死于穷门"。这就是后羿"不修民事"的结果——不得其死。

寒浞不但继承了有穷国君之位,也接收了后羿的家室妻妾,后来生了浇(就是奡)和豷(yì),他凭借巧言令色臣服百姓,并且滥用武力,并让奡驻扎在过,镇守边疆。这就是"奡荡舟"——据说一个人能把大船像玩具一样在水里弄来弄去,看来他既力大无穷,又勇猛善战,攻无不克,战无不胜。

夏朝的人民看到英勇神武的后羿、精明强干的寒浞以及力大无穷的寒奡,都没能带着他们过上好日子,于是开始思念"德"和"仁"的夏朝开国君主大禹。他们在夏朝遗臣靡的带领下,推翻了寒浞,拥立少康。后来少康灭掉了奡,他的儿子后杼灭掉了豷。依靠强大武力创国的有穷国,仅仅支撑了几十年就灭亡了,人们总结经验认为是"失人故也"。

孔子显然不赞成武力,跟武力比起来德行应该更重要,他多次敲打子路都跟他太喜欢逞强有关;但"躬稼"之事也是孔子看不上眼的,樊迟被责骂就是因为他热衷于耕种,还向孔子请教农圃之事,而禹、稷以稼穑有天下的"事实"当然也无法否认。所以,老孔子面对南宫适的"禹、稷躬稼而有天下"的问题,只好选择沉默了。

但是沉默又好像不是他老人家的风格,因此,等南宫适出去之后,孔子才把他狠狠地夸奖了一番。

前面南宫适三赋白圭,孔子就把侄女嫁给了他,有些人认为孔子太草率了,说指不定南宫适是在作秀呢。现在,结合这里他提出的问题,和孔子对他的夸赞,我们就知道,孔子嫁侄女,嫁对人了!

纪连海谈 论语

原文

子曰:"君子而不仁者有矣夫,未有小人而仁者也。"

纪老师说

君子有不仁的时候吗?也许会有,但小人永远都是小人。

就如学霸也会有失手考砸的时候,但学渣永远不会"失手"考好了,所以考试是公平的。

志士仁人,无求生以害人,有杀身以成仁。有些君子遇上这一关,也许会出现"不仁"的表现。

用鲜血书写了什么是英勇和忠贞的文天祥,有两个弟弟,一个降了元,另一位则逃避现实,退隐不仕。

文天祥有三个弟弟:文壁、文霆、文璋,其中文霆早卒。文壁小文天祥一岁,1278年冬天,元军猛攻文壁驻守的惠州,他开城投降,年底文天祥被俘;小文天祥十三岁的文璋,随文壁投降,后隐居不仕,在他大哥被杀35年后去世,享年69岁。

元初,就有人指责文天祥弟弟不够忠烈。文壁还被赋诗讽刺:"江南见说好溪山,兄也难时弟也难;可惜梅花如心事,南枝向暖北枝寒。"文天祥号文山,文壁号文溪,溪山指兄弟两人,南枝与北枝也指两人,因为文天祥曾写过"江上梅花都自好,莫分枝北与枝南"的诗。

文璧自述投降的理由是：其一，不绝宗祀。文天祥两个儿子，一个早死，一个战乱中失散，文璧把自己的一个儿子过继给了文天祥；而文天祥母亲身死他乡，一直没有安葬，需要举灵柩归乡。其二，不同于元军刚侵南宋的投降派，文璧降元之时，南宋实际上已经灭亡，抗争的结果是全城百姓跟着倒霉。这样的托辞当然无法让道德审判者满意，但是他的哥哥体谅他。

1279年三月，文天祥被押解到广州，文璧也前来与兄长告别，他是否解释了自己的变节，以及文天祥当时的态度，都不得而知。然而，文天祥有一首写给弟弟的诗《寄惠州弟》，诗中云："五十年兄弟，一朝生别离。雁行长已矣，马足远何知？葬骨知无地，论心更有谁？亲丧君自尽，犹子是吾儿。"他希望文璧替本是长子的他尽孝尽哀。

1281年，文天祥写信给文璧过继给自己的儿子："汝生父（文璧）与汝叔（文璋），姑全身以全宗祀，惟忠惟孝，各行其志矣……"文天祥以"孝"明确体谅、认可了文璧的选择。文天祥不是为了清誉牺牲一切的道德狂，他自己尽忠殉国，并不要求别人一定跟他学。

后来，他写信给三弟文璋，只是劝勉他不仕而已，文璋也就采取"非暴力不合作"的态度，终生不当元朝的官，得享天年。

国难之下，文天祥三兄弟，或殉国，或投降，或归隐，作出了迥然不同的人生选择。这可能更加反映出人性的复杂和真实，而文天祥的宽容体谅，更让我们在他高高的道德圣像之外，看到了一颗柔软的心。

纪连海谈 论语

原文

子曰:"爱之,能勿劳乎①?忠焉,能勿诲乎?"

注释

①劳:使劳苦,使勤劳。不带宾语的使动用法。

纪老师说

爱他也罢,忠于他也罢,都要设身处地地为他着想,为他好,所以,爱他,但不能溺爱;忠于他,但不能愚忠。

《国语·鲁语下》说:"夫民劳则思,思则善心生;逸则淫,淫则忘善,忘善则恶心生。"可为"爱之,能勿劳乎"的注脚。

三国时期著名政治家诸葛亮写给儿子诸葛瞻的《诫子书》说:"淫漫(慢)则不能励精,险躁则不能冶性。"意为"沉迷懈怠就不能励精求进,偏狭躁进就不能冶炼性情"。道出了对儿子的殷殷期盼。

我们今天教养子女,太宠爱孩子反而是害了孩子。比如说什么都不让他(她)做,结果是使他(她)毫无生活能力,长大一事无成。当然,"劳之"并不仅仅局限于使他(她)劳动,而是要让他(她)认识、体会生活中艰难困苦的一面,增强对生活的理解和应变能力。所谓"穷人的孩子早当家",说的就是这样的道理。

中国历史上代代不乏冒死劝谏的耿耿忠臣，有的碰到了明君，有的碰到昏君。碰到明君的君臣相得，流芳百世，最有名的如魏征对唐太宗李世民；碰到昏君的，舍生取义，最有名的如比干劝谏纣王，剖心而死。

这些人劝谏之时，大概没有考虑君主是明还是昏，只是在做自己应该做的事，甚至明知自己的劝谏可能让君主烦，却能凛然不惧，他们都是践行孔子"忠焉，能勿诲乎"的勇者。

 纪连海谈 论语

原文

子曰:"为命①,裨谌草创②之,世叔③讨论之,行人子羽④修饰之,东里子产⑤润色之。"

注释

①为命:制定国家的政策命令。

②裨谌(bì chén):人名,郑国的大夫。草创,起草。创,造,写。

③世叔:即子太叔,名游吉,郑国的大夫。讨论,指由一个人去研究之后提出意见。与今天"讨论"意义不同。讨,寻究。论,讲,说。

④行人:外交官。子羽,姓公孙,名挥,字子羽。

⑤东里子产:东里居住的子产。东里,地名,郑国子产居住的地方。子产,姓公孙,名侨,字子产,郑穆公的孙子,郑国的正卿。是春秋时代与管仲齐名的大政治家,主持郑国国政二十多年,无论内政外交,都有显著功绩。

纪老师说

办一件外交文书,经过四道手续,由四位大夫各尽所长,始告完成,足见多么慎重其事,更可见子产能够知人用人,而不自用。

《左传·襄公三十一年》载卫国的北宫文子告诉卫侯的话："子产之从政也,择能而使之。冯简子能断大事。子大叔美秀而文。公孙挥能知四国之为,而辨于其大夫之族姓、班位、贵贱、能否,而又善为辞令。裨谌能谋,谋于野则获,谋於邑则否。郑国将有诸侯之事,子产乃问四国之为于子羽,且使多为辞令。与裨谌乘以适野,使谋可否,而告冯简子,使断之。事成,乃授子大叔使行之,以应对宾客。是以鲜有败事。"

孔子这里想要称赞的是子产用人所长,还是工作作风严谨?不得而知。

原文

或①问子产，子曰："惠人②也。"问子西③，曰："彼哉！彼哉！"问管仲，曰："人也。夺伯氏骈邑④三百，饭疏食⑤，没齿⑥无怨言。"

注释

①或：有人，无定代词。

②惠人：有恩惠于民的人。

③子西：名申，字子西。楚国的令尹（相当宰相）。子西的政绩不足称，又曾阻止楚昭王任用孔子。孔子说"彼哉！彼哉！"这是当时人表示轻视的习惯语。

④伯氏：齐国的大夫。骈（pián）邑，齐国地名。

⑤饭疏食：饭，吃，名词活用动词。疏食，粗食。

⑥没齿：指死。齿，岁数，年龄。

纪老师说

本章记叙孔子对春秋时期子产、子西、管仲三位执政者的评价。

子产是郑国贤相，以清廉、宽仁著称，孔子以"古之遗爱"予以褒扬。

子西是楚平王的庶子，两次让王位，对楚国有大功也有重大失误，并最终付出代价。孔子对他评价不高，"彼哉！彼哉！"——就他呀！不屑之情溢于言表，大概是觉得他有点沽名钓誉的味道。

孔子对管仲有批评，但总体评价很高，因为他"不以兵车"，九合诸侯，一匡天下，在一定程度上维护了天下的秩序。这里称赞管仲的一次铁腕而不失智慧的壮举，剥夺了伯氏骈邑三百户的采地，使伯氏由家财万贯变成贫民百姓，只能吃粗粮，却到死没有怨恨的话，的确是人才，做事能够做到如此程度，后人称其为春秋第一名相，绝非浪得虚名。

"人也"，人通仁。也有人把这里的"人"解作"人物"，孔子这里是赞许管仲——是个人物！

子产不错，值得尊敬；管仲有勇气而不鲁莽，更符合孔子的价值取向；子西不值一提。

这一章说明，孔子重德，但也很重事功，因此看重人的才能。他心中的仁人必是德才兼备的人，因为无才就很难成就事功，不能惠及他人，还可能遭人埋怨。

纪连海谈 论语

原文

子曰:"贫而无怨难,富而无骄易。"

纪老师说

我觉得,贫而无怨难,富而不骄也不易。

人,首先是一种经济的动物,只有在仓廪实以后,才会知礼乐——只有在他生活小康了以后,他才能够心无旁骛地去追求精神世界的东西。

孔子虽然提倡最好是"贫而乐",但对贫者发发牢骚,抱怨几声并没有鄙视。"贫而无怨难",一个"难"字,体现了孔子对贫者的理解和宽容。

忽然想到一个段子,中国的剩女们,曾一度纠缠于"宝马中哭泣"还是"单车上欢笑"的问题,这与其说是剩女们的问题,不如说是穷人们的问题,说到底他们仅仅是在抱怨自己的命运。

一个人,他家财丰裕了,却能够谦和待人,其实做到这一点并不容易。

虽然我们平常听到过资产过亿、过几十亿的人,还非常地恭谦有礼,没有一点骄纵自己,比如比尔·盖茨、李嘉诚等,那都是有极高修养的人。

而我们更多看到的是一些骄横跋扈、炫富嫌贫的新闻。上海一男子在博客里炫耀自己狂买名牌的奢侈生活，还用大叠百元人民币来点烟，他张贴照片炫耀自己的奢侈生活、毫不掩饰地鄙视穷人，被网友戏称为"小龙少爷"，由此引发了一场争论；2006年9月一个叫"雅阁女"的女网民称月薪低于三千是下等人犯下了众怒。

我们这个时代，富裕也许并不难，难的是富而不骄、富而不奢，始终守住平和怡然的健康心态。

纪连海谈 论语

原文

子曰:"孟公绰为赵、魏老①则优,不可以为滕、薛②大夫。"

注释

①公绰:鲁国大夫。性寡欲,是孔子所尊敬的人。赵、魏,晋国最有权势的大夫赵氏、魏氏。老,古代大夫的家臣称老,也称室老。

②滕、薛:两个小诸侯国。都在今山东滕县西南,距鲁国很近。

纪老师说

知贤是大方向,知其才适其用才算真正到位的举贤。

大国公卿的家臣跟小国的大夫从"级别"上可能差不多,但前者单纯,主要工作就是处理跟领导的关系,也许需要更多的是理论水平;后者复杂,需要协调处理更多具体问题,因此权力很大。

孟公绰本身清廉寡欲,却短于才干。因此家臣清闲,由孟公绰这样的人来担任行有余力。滕、薛虽是小国,大夫的事务繁忙,尚需多边应酬,孟公绰就难以胜任了。

用人不仅要注重德行,还要顾及才干,要德才兼备,只有德而才不济者难堪重任,甚至酿成悲剧。

大家都知道毛遂自荐的故事吧?公元前257年,也就是赵孝成王九

年，毛遂自荐出使楚国，促成楚、赵合纵，大长赵之威风，使赵重于九鼎之吕，他因此获得了"三寸之舌，强于百万之师"的美誉，从而名声大噪。

毛遂自荐后不久，燕国趁赵国大战方停、元气大伤之际，派遣大将栗腹攻打赵国。派谁挂帅迎敌呢？

赵王立即想到了刚刚立下奇功的毛遂。得知此事，毛遂急如星火地跑到赵王那里，请求赵王不要任命自己做统帅。

毛遂说："不是我怕死，是我德薄能低，不堪此任，我能做马前卒，但绝对做不了指挥千军万马的统帅。"

然而，不管毛遂如何推辞，赵王执意任命他为统帅。实在推辞不了，毛遂只能硬着头皮挂帅上阵。

毛遂先生怀抱报效国家之志，虽然身先士卒、殚精竭虑，但他统领的军队还是被燕军打得落花流水。

战事惨败，毛遂觉得没有脸面再见赵人，于是避开众人，到山林里拔剑自刎，用自刎的方式对自己失败的战事做了总结，也向国君表达了自己的忠心。

毛遂实有舌战群儒的外交之才，却无带兵拒敌的将帅之能。从"毛遂自荐"的辉煌到"毛遂自刎"的凄惨，短短一年，毛遂从人生的顶峰坠落低谷，乃至殒命，这不能不让人嗟叹和深思！

纪连海谈 论语

原文

子路问成人①。子曰："若臧武仲②之知，公绰之不欲，卞庄子③之勇，冉求之艺，文④之以礼乐，亦可以为成人矣。"曰："今之成人者何必然？见利思义，见危授命，久要⑤不忘平生之言，亦可以为成人矣。"

注释

①成人：全人，完美无缺的人。

②臧武仲：即鲁国大夫臧孙纥，他在齐国时，预料齐庄公将被杀而拒绝接受齐庄公给他的封地，因而后来没有受到牵连，人们认为他很聪明。知，同"智"。

③卞庄子：鲁国大夫，封地在卞邑（今山东泗水县东），传说他曾独身打虎，以勇力著称。

④文：修饰。

⑤要：通"约"，穷困的意思。

纪老师说

"成人"在《论语》中仅此一例，接近于"性格完美"或者理想的人。

孔子在描述"成人"时，就像玩"拼图游戏"，抽取4个人身上的优点拼凑在一起，再用"礼乐"装饰一番，这种方式的好处是直观形象。

孔子拼图后，大概发觉一个人同时具备智、不欲、勇、艺、礼乐这些德才，这种"成人"几乎是做不到的。故又说：见利思义，见危授命、守信践诺，就是"成人"。这三方面很实际，具有明显的可行性，对有志者来说完全可以做到。

难能可贵的是，本章提出"见利思义"的主张，即遇到有利可图的事情，要考虑是否符合义，不义则不为，这句话对后世产生了极大的影响。

何为见利思义？下面的小故事或许会给你启发。

甄彬，梁朝人，在他困苦时，曾经以一束可以织布的苎做抵押，向长沙寺观当铺借钱。后来赎回苎时，发现束内，藏有五两金子，甄彬心想这些金子，不是我分内该得的，我不能无缘无故吞没，于是随即送还当铺。这件事在梁武帝做平民时，就已曾经听说，心中对甄彬的人格修养，非常赞赏。

到了梁武帝即位后，便任用甄彬，派他前往带郫郡，当地方县令。临走之前，同等官位五人，武帝一一告诫他们，为地方县令，应以廉洁慎重最为重要，愿卿等多多加勉。唯独对甄彬说："卿往日有还金的高洁美德，所以寡人就不用再以这些话嘱咐了。"从此甄彬的声望德行，更加彰显，传遍天下，留芳万世。

纪连海谈 论语

原文

子问公叔文子于公明贾曰①:"信乎,孔子②不言,不笑,不取乎?"公明贾对曰:"以告者过也。孔子时③然后言,人不厌其言;乐然后笑,人不厌其笑;义然后取,人不厌其取。"子曰:"其然,岂其然乎?"

注释

①公叔文子:名拔,卫国大夫,卫献公之孙,谥号"文",所以称他为公叔文子。公明贾,姓公明,名贾,卫国人,公叔文子的使臣。

②孔子:指公叔文子。

③时:时中,恰当,适时。

纪老师说

鲁定公六年(公元前504年),鲁国假道于卫,阳虎率领鲁军路过卫都,"自南门入,出自东门",故意挑起事端,激怒卫君。卫灵公一时冲动,下令攻击鲁国军队,公叔文子当时已是耄耋之年,行走不便,闻知此事后立即赶到朝中,从鲁卫兄弟之政的历史传统出发,深入分析了利弊得失,揭露了阳虎的阴谋,避免了一场无谓的战争。公叔文子在国人中威望很高,他从政经验丰富,观察问题细致敏锐,分析问题全面深刻，是卫灵公身边不可或缺的重要谋臣，卫灵公遇有重大事务，必定请他入朝商议。

有人说公叔文子是神，他从不出声，不开玩笑，什么东西都不要。孔子不信，向公明贾求证此事，呵呵，圣人也八卦啊！

公明贾说传言有误，公叔文子该说的时候才出声，所以人们喜欢听他说话；他笑是真笑，人们喜欢他的笑；该拿的他才拿，谁都没有意见。

"是这样吗？真是这样吗？"孔子大概觉得难以置信，竟然有如此"达人"，或者是感慨于传言误人。

公叔文子的做法概括起来说，就是恰到好处。该说话的时候就说话，快乐的时候就笑，该获取的时候就获取。

所谓"义然后取，人不厌其取"，针对的是传言中的"不取"，说的是公叔文子并非绝对的视钱财如粪土，而是爱财且取之有道的君子。他取财的前提是符合"义"，他不拒绝合乎道义的财物，但也绝不索求不合道义的财物，所以，"人不厌其取"。

"义然后取"的反面是见利忘义，有的人却因贪图私利而失去理智，导致人人得而诛之的下场。

《列子·说符》讲了一个"齐人攫金"的故事：齐国有一个想金子想得发疯的人，当他一大清早来到集市，见别人买了金子，抢了便走，被人们逮住送官。办案人员审问他："人都在那儿，你就抢别人的金子，这是为什么？"意思是，你怎么会犯这种"低级错误"呢？这人的回答令人啼笑皆非："取金之时，不见人，徒见金。"

这个故事告诫我们不能像这人一样，让贪婪的欲望蒙蔽了自己的眼睛，导致面对利益时所必须持守的道德判断和法律判断丧失。

纪连海谈 论语

原文

子曰:"臧武仲以防求为后于鲁①,虽曰不要②君,吾不信也。"

注释

①以防求为后于鲁:防,鲁国地名。臧武仲(臧孙纥)受封的地方,在今山东费县东南。公元前550年(鲁襄公23年),臧武仲因帮助季氏废长立少,得罪孟孙氏逃到邻国,不久从邻国回到他的封地防城,凭借防向鲁国国君请求为臧氏在鲁国立后代(即立臧氏的子弟为卿大夫)。得到允许后,他才流亡到齐国。为,臧为,臧武仲之子。

②要(yāo):要挟。

纪老师说

孔子平生最恨犯上作乱的叛臣,比如说赶走鲁昭公的季氏、孟氏、叔孙氏,杀了齐庄公的崔杼等,在孔子看来,作臣子的就应该安分守己,不但这些犯上作乱的事情做不得,就连与国君讨价还价,那也是不行的。臧武仲就是一个例子。

公元前550年,臧武仲因为耍小聪明妄言妄作,帮助季氏废长立少,得罪了季公弥与孟孙氏,最终不得已斩鹿门之关以逃,奔去了邾国。在邾国冷静下来,才想起这一回耍聪明,后果严重。

须知臧武仲"犯门斩关",实打实地触动了国家机器,是攸关国体的大事,任你之前有多大的冤屈,这一回打个"叛国罪",你也叫不出屈来了。而臧武仲身为"臧孙"也就是臧氏宗主、当家人,犯下如此重罪,被顺势取缔臧氏家族的宗庙祭祀,只怕是被鲁国那些痛恨他的人提上议程了。臧氏一族要在自己这里绝祀败亡了!塌天大祸呀!

臧武仲身在邾国,寝食难安,越想越怕。于是冒险潜回臧氏封邑,向鲁襄公提出个"以封邑换和平"的计划:我愿意舍弃防邑,并且流亡国外,条件是鲁国答应为臧氏立后,或曰立一个新"臧孙"即宗主,也就是保留臧氏家族的宗庙祭祀权以及一切贵族世袭特权。

据《春秋大事表·列国地名考异》记载,防城位于今天山东省费县境内,在当时距离齐国边境很近,鲁国不能失去这个战略要地。鲁襄公只能同意臧武仲的要求,册立了臧武仲的另一个异母弟臧为作为臧氏家族继承人,继承臧氏家族的宗祧。

这次危机,以鲁国接受武仲条件,双方履约而告结束,臧氏得到一个新宗主以延续祭祀香火,武仲流亡齐国,皆大欢喜,可谓"双赢"。这就是本章所谓"以防求为后于鲁"的事件。

纪连海谈 论语

原文

子曰:"晋文公①谲而不正,齐桓公②正而不谲。"

注释

①晋文公:姓姬,名重耳。春秋时期著名的霸主之一。谲(jué),欺诈,玩弄权术。晋文公称霸时,曾召见周天子,孔子认为这不符合周礼,故说他"谲而不正"。

②齐桓公:姓姜,名小白。他任用管仲为相,成为春秋时期著名的霸主之一。他称霸,讨伐其他诸侯国打着"尊王"的旗号,故孔子说他"正而不谲"。

纪老师说

我们都知道,晋文公是春秋著名政治家,除了任用管仲顺遂朝野而称霸的齐桓公,晋文公是春秋五霸中第二位称霸的国君。历史上著名的"齐桓晋文"指的便是这两位名垂千古的霸主。

为什么孔子独独认为晋文公"诡诈而不正派"呢?

晋文公本名重耳,春秋时期晋国人,姬姓。晋献公之子,晋惠公之兄,晋怀公之叔。曾经流亡列国十九年。

晋献公受宠妃骊姬挑唆,于公元前656年逼死太子申生。骊姬又污蔑重耳和夷吾是申生同谋，献公于是找这两个儿子兴师问罪。夷吾面对父亲的征剿选择了迎战，而重耳却说"子不与父战"，弃掉封地蒲城，投奔到他母亲的国家——翟国。

重耳本身是一个没有野心的人，对他来说，老婆孩子热炕头的日子最温馨最自在。翟国攻打戎族，俘获了两名美少女，一个叫季槐、一个叫叔槐，翟国把她们姐妹俩都献给了重耳。重耳重视情谊，他让季槐做了自己的老婆，让叔槐嫁给了赵衰。君臣就在翟国美滋滋过起了夫唱妇随的小日子。

公元前651年，献公驾崩。一位叫作里克的大臣造反，杀死了骊姬母子。重耳是里克心目中的国君第一人选。晋国友邻秦国国君秦穆公也倾向于立重耳为国君。于是他们派人去翟国，想让重耳继承大位。

重耳是个很安于现状的人。他在翟国每日衣食无忧，季槐还给他生了两个儿子，这样的日子跟世外桃源没什么两样，他才懒得去继什么位呢，于是他就跟谋臣们说，你们看呢，老爹活着时候他就不待见我，现在老爹刚死，我没有奔丧守孝，倒想着先去继位，这多不孝顺呢，于是拒绝了里克的请求。

这么一耽搁，里克与秦穆公那边也转变了策略，退而求其次立夷吾为国君。谁知道夷吾继位之后，反手就杀了里克与邳郑父。他怕大臣们心生怨恨转投重耳，于是又派刺客去翟国诛杀重耳。

这时候的重耳在翟国已经待了12个年头了。为了躲避追杀，他与手下谋臣仓皇之中逃离翟国，被迫开始了周游列国的生涯。野人赐土、退避三舍的故事都是发生在这个阶段。后来在秦穆公帮助下，他复国成功，并终成为一代霸主。

就是这样一个孝父让弟、知礼守义之人，孔子为什么还要说他谲而

不正？

　　有记载的一处就是《左传》中引用过孔子说过的话："以臣召君，不可以训。"这件事是指在晋文公五年（公元前632年）时，晋文公召集诸侯在践土会盟，而且他还恭请周天子到践土来见他，这件事应该是孔子最不能容忍的。

　　打个比方大家就明白了，如果一个省的省长实力特别大还有自己的武装力量，这时候他就指定一个地方要求国家主席来见他，是不是很大逆不道啊。对于把"礼"看得最最重要的孔子来说，这当然是不能接受的，所以光这一件事，就足以让孔子得出这样的结论了。

原文

子路曰:"桓公杀公子纠①,召忽死之②,管仲不死。"曰:"未仁乎?"子曰:"桓公九合诸侯③,不以兵车④,管仲之力也。如⑤其仁,如其仁。"

注释

①桓公杀公子纠:公子纠,姓姜,名纠。齐桓公的哥哥。为夺君位,被桓公杀死。公子,古代诸侯的儿子除太子外,都被尊称为公子。

②召忽死之:召忽,公子纠的师傅,也是家臣。公子纠和公子小白的哥哥齐襄公即位后不行君道,两人怕受牵累,小白的师傅鲍叔牙侍奉小白逃往莒国,管仲和召忽侍公子纠逃往鲁国。襄公被杀以后,小白先入齐国,立为国君,便兴兵伐鲁,迫使鲁杀了公子纠。召忽为此自杀,管仲经鲍叔牙极力举荐,归服了齐桓公,当了宰相,辅助桓公成就了霸业。死之,为纠而死,即自杀殉主。

③九合诸侯:指齐桓公成为霸主后,曾多次召集诸侯盟会。九,泛指多次,不是实指。

④以兵车:以,靠,用。兵车,战车,这里指武力。

⑤如:这里作"乃"讲,可译为"就是"。

原文

子贡曰:"管仲非仁者与?桓公杀公子纠,不能死,又相①之。"子曰:"管仲相桓公,霸诸侯,一匡天下②,民到于今受其赐。微③管仲,吾其被发左衽矣④。岂若匹夫匹妇之为谅⑤也,自经于沟渎⑥而莫之知也?"

注释

①相:辅佐,辅助。

②一匡天下:使天下一切都归于正途。匡,正。

③微:没有,动词。这个"微"常用在假设句,语译时前面可加上"如果"二字。

④吾其被发左衽矣:其,句中语气词,表测度,有"恐怕"的意思。被,通"披"。左衽,衣襟向左开,这是当时所谓"夷狄"的服饰打扮,被发左衽指沦为落后民族。左,方位名词活用作动词。

⑤谅:遵守信用。这里指小节小信,略含道义上的固执。

⑥自经:自缢,即上吊自杀。沟渎(dú),小沟渠。

纪老师说

本章和上一章都是评价管仲。孔子肯定了管仲有仁德。根本原因就在于管仲"尊王攘夷",反对使用暴力,而且阻止了齐鲁之地被"夷化"的可能。孔子认为,管仲这样有仁德的人,不必像匹夫匹妇那样斤斤计较他的节操与信用。

《左传》载:公子小白和公子纠是两兄弟,鲍叔牙侍奉小白,管仲和召忽侍奉纠,两兄弟为了避难都离开了齐国。后来齐国发生变故,两个人竞相往国内赶，通常情况下谁先回去谁将继位。他们为了阻挠对方在路上都采取了激烈措施，管仲还射了小白一箭，但最终小白还是抢先回到了齐国，并顺利即位成为齐桓公。

此后公子纠被杀，召忽自杀，但管仲在鲍叔牙的大力举荐下转投齐桓公。子路说的就是这件事，主人被杀，属下如果不能报仇就应该自杀，而管仲却改换门庭投奔了"敌人"。子路心思单纯，认为管仲此举明显属于不忠不义。

对孔子而言，问题的关键是故事的下半场。管仲辅佐齐桓公九合诸侯，一匡天下，且为"衣裳之会"非兵车相加，完全符合孔子的口味，随将轻易不许人的"仁"授予管仲——"如其仁！如其仁！"其赞许之情溢于言表。

管仲虽然没有为公子纠尽忠，以身相殉，但他辅佐齐桓公立了大功，名留青史，也就不能用对一般普通人的小节小信来要求他了。说到底还是金无足赤、人无完人的问题。我们不能对任何人都求全责备，而应该看他的主流，看他的大节。

事实上，齐桓公也正是因为不究细节，不计私仇，原谅了差点要了他命的管仲，而加以重用，才取得了"称霸诸侯，一匡天下"的丰功伟绩。

孔子生活在春秋时期，尽管已是天下大乱，但局面似乎还不算不可收拾，即使不能再指望周天子，那几个相继称霸的乱世英雄，如果能够以匡正天下为己任，离孔子的理想也不算太遥远。这其中孔子最满意的是齐桓公，但功劳其实应该算给管仲。

孔子这里大胆推测了最坏情况，如果没有管仲天下只能更乱，所有的秩序都无法遵守，我们能不能继续做中国人都成了问题。"披发左

衽"头发是束起来还是披散开，衣襟向右还是向左掩，那可是事关生死的原则问题。

管仲使齐国空前强盛，成为春秋时期第一个大国。齐国尊崇周王室，挟天子以令诸侯，使诸夏团结在一个大家庭内，抵御了周边夷狄的侵扰，保证了华夏文明和各地文化习俗的延续、发展。

管仲为政，世所景仰，功业非凡，惠及华夏，自然是仁者，甚至是大仁者。

孔子对管仲的分析和评价，使子路、子贡以及后世之人更全面地认识了什么是仁，更清楚了应该怎样辩证地看待历史人物，同时也使我们进一步了解了孔子的历史观，孔子绝不像某些人说的那样，是个简单倒退的复古人物。

原文

公叔文子之臣大夫僎与文子同升诸公。子闻之，曰："可以为'文'矣。"

纪老师说

公叔文子就是公明贾盛情赞扬的"会说""会乐""会取"的卫献公的孙子，叫公孙拔的。前章仅谈到他美好的品德，本章则进一步谈他美好的品德——举贤荐能的美德。

僎（zhuàn），人名。原是公叔文子的家臣，由于文子的推荐，做了卫国的大臣。"升诸公"，升到公室做大夫，意即僎由家臣升为大夫，与公叔文子同列。"公"，公室，这里指诸侯的朝廷。

据载，公叔文子死后，其子公叔戍请谥于卫灵公，卫灵公说："孔子听卫国之政，修其班制，以与四邻交，卫国之社稷不辱，不亦文乎！"然而对照周朝谥法的相关规定，"文"有六等：经天纬地、道德博厚、学勤好问、慈惠爱民、愍民惠礼、锡民爵位。显然，这些内容与公叔文子"修其班制，以与四邻交，卫国社稷不辱"的行止功绩是难以匹配的。

孔子是非常讲究名分的,一再要求"必也正名乎",他认为公叔文子能够发现人才,推荐大夫僎出任国臣,并与他一道同朝为官,两人相互尊重、其乐融融,确实做到了"憨民惠礼"和"锡民爵位",故而应谥之以"文"。

原文

子言卫灵公①之无道也，康子②曰："夫如是，奚而不丧③？"孔子曰："仲叔圉治宾客④，祝鮀⑤治宗庙，王孙贾⑥治军旅。夫如是，奚其丧？"

注释

①卫灵公：卫国的国君。

②康子：即季康子，姓季孙，名肥，"康"为他的谥号，"子"为尊称。鲁哀公时为正卿。

③奚而不丧：奚，用法同"何"，疑问代词。译为什么，作状语。而，连词，连接状语和谓语中心词，可不译出。

④仲叔圉：即孔文子，姓孔，名圉。卫国大夫。"文"为他的谥号。治，指接待。

⑤祝鮀：姓祝鮀，字子鱼。卫国大夫。

⑥王孙贾：卫灵公的大臣。

纪老师说

孔子认为卫灵公属于"无道"之君，季康子说既然如此，他为什么做得好好的，孔子说主要是他用对了三个人，仲叔圉办理外交，祝鮀负

责祭祀,王孙贾管军事。

军事、外交办好了,来自外部的威胁就排除了,古代祭祀是大事,政权的合法性就体现在这里,这属于国家内部事务的核心内容。

虽然卫国国君智商不高,但是他的智囊团的智商一流,所以卫国安然无恙啊。

潜台词是:鲁国!鲁国!我们鲁国岌岌可危是因为什么呢?季康子,你这个鲁国最大的权臣,现在想明白了吗?

尤其在今天的社会,个人单打独斗的时代早已过去了。一个人如果不能凝聚一个团队的力量,即使再聪明,也最终会一事无成,甚至一败涂地。

曹操当年要设立太子,在曹丕和曹植之间左右权衡,难以决定。其实,在曹操的心中,是偏爱曹植更多一点的。因为曹植更有才华。但最终,立曹丕为太子。曹植郁郁寡欢,一生不得志。

曹植输在哪里?输在他的智囊团上。曹植的智囊团成员杨修,恃才放旷,缺乏真正深沉的大智慧,直接导致了曹植的失败。

原文

子曰:"其言之不怍①,则为之也难。"

注释

①怍(zuò):惭愧。

纪老师说

孔子关于言与行关系的论述在《论语》中有很多,其基本思想还是"敏于事而慎于言",多做少说,先做后说;说到做到,不放空炮。

他认为,一个人大言不惭,满嘴跑火车,他说的话实际做起来却是很困难的。

前政治局常委李瑞环的文集里有一个故事:

20世纪90年代初,湖北神农架地区很多野猪横行,赶也赶不走。有人想了个办法,把狮子、老虎等猛兽的声音录下来,支起杆子,用大喇叭放出来。一开始,野猪还真害怕,吓跑了。

但是过段时间之后,野猪又回来了,因为它们发现只有声音,没有危险。后来野猪把杆子都给拱倒了。

村民们感慨,看来唱高调、说空话连野猪都骗不了。

著名魔术师刘谦美妙绝伦的魔术表演在倾倒公众的同时,也涌现

出一群好事者废寝忘食地对其魔术进行破解,每每破解一个魔术便欣喜若狂,甚至口出狂言:"刘谦你没什么了不起,你的魔术我已经破解了!"

可这些人有一个算一个,至今没有一个人像刘谦那样变出一个让人赏心悦目的魔术来!

原文

陈成子弑简公①。孔子沐浴而朝,告于哀公曰:"陈恒弑其君,请讨之。"公曰:"告夫三子②!"孔子曰:"以吾从大夫之后,不敢不告也。君曰'告夫三子'者!"之三子告,不可。孔子曰:"以吾从大夫之后,不敢不告也。"

注释

①陈成子:即陈恒,又叫田成子,齐国的大夫。在公元前481年杀死齐简公,立齐平公,掌握了齐国的政权。简公:即齐简公。姓姜,名壬。公元前484至前481年在位。

②三子:指孟孙、季孙、叔孙三家大夫。由于鲁国政权旁落,这三家主宰着鲁国的政治,故哀公不敢自己做主。

纪老师说

陈恒就是田常,齐桓公曾经收留过陈国的一位落难公子,田常就是这位落难公子的后人,一个春秋版中山狼的故事。公元前481年田常杀了齐简公,拥立平公,自任太宰,三代后田氏攻齐,姜齐变为田齐。

陈成子弑简公,这件事让孔子怒不可遏,"唯器与名,不可以假人",是可忍孰不可忍!于是一位年逾花甲的退休老人沐浴更衣去见鲁

哀公，请求哀公发兵讨逆，哀公暧昧的态度应该是在孔子意料之中的，三子的态度也应该在孔子意料之中，但孔子仍坚持去禀告三子。

据《左传》记载，"陈恒弑其君，民之不与者半。以鲁之众，加齐之半，可克也"。认为出兵讨伐陈恒，可以取得战争的胜利。

此时的鲁哀公其实也面临着齐简公类似的处境，鲁国的三孙——季孙、仲孙、孟孙，就好比陈恒，把持着朝政，鲁哀公简直就是傀儡。猜想孔子想借助讨伐陈恒，赢取战争，一方面站在道义的制高点上，告诫其他人，以臣弑君，必将失败，有这些想法的人引以为戒；另一方面壮大鲁哀公自己的力量，为摆脱三孙做准备。

可惜，鲁哀公就是一个扶不起来的阿斗，他让孔子去和三孙商量。三孙当然不想干，正好要看看以臣弑君的事情做完了会咋样呢，如果陈恒没事，以后自己是不是也可以此为榜样，把鲁哀公干掉？

估计大家都很明白，都做自己该做的事吧。孔子想要帮助鲁哀公；鲁哀公不敢去做，往三孙那推；三孙正要看热闹。

明知不可为，但执意行事的动机是什么呢？不是说不在其位，不谋其政吗？"本人曾忝居大夫之列，依礼不敢不告。"这句话孔子连说了两次，其执着与无奈之情跃然纸上。

公元前481年，陈成子弑简公，哀公获麟，颜回去世，孔子绝笔；公元前480年，子路死卫；公元前479年，孔子卒。

原文

子路问事君。子曰："勿欺也，而犯之。"

纪老师说 ●●●

孔子强调事君既忠且直的问题。忠而当直，不可愚忠，一旦君王有过错，可以犯颜直谏。侍奉君王要既忠诚又正直。

如果你错了，要及时、准确报告领导，因为你解决不了的问题并不代表领导也解决不了，欺瞒就意味着你看不起领导。如果领导错了，记得要犯颜直谏，不要试图替领导掩盖错误，那只会让小错误变成大错误，最终害的是领导。

楚庄王有一匹心爱之马，庄王给马的待遇不仅超过了对待百姓，甚至超过了给大夫的待遇。庄王给它穿刺绣的衣服，吃有钱人家才吃得起的枣脯，住富丽堂皇的房子。后来，这匹马因为恩宠过度，得肥胖症而死。楚庄王让群臣给马发丧，并要以大夫之礼为之安葬。大臣们对庄王此举表示不满。但庄王下令，有议论葬马者将被处死。

优孟听说楚庄王要葬马的事，跑进大殿，仰天痛哭。庄王很吃惊，问其缘由。优孟说："死掉的马是大王的心爱之物，堂堂楚国，地大物博，无所不有，而如今只以大夫之礼安葬，太吝啬了。大王应该以君王之礼为之安葬。"庄王听后，无言以对，只好取消以大夫之礼葬马的打

算。这就是历史上有名的"优孟哭马"的故事。

庄王葬马这件事,从原先庄王执意以大夫规格葬马,到最后庄王答应放弃奢侈的葬马之举,映射了庄王从昏庸之君到圣明霸主的史实,更赞扬了优孟善于劝谏的机智。

原文

子曰:"君子上达①,小人下②达。"

注释

①上达:上,指仁义。一说指"向上"(下指"向下")。达,通达。

②下:指财利。

纪老师说

本章记载孔子论"上达""下达"之区别。

焦循说:"形而上者谓之道,形而下者谓之器。"上达达道,下达达器。即上达是达到道这个目标,下达只是你能够在这个世间得到一些技艺,学一些学问、文章,这不是孔子所希望的。所以孔子勉励大家,用冉求做为他的对象来激励大众,批评樊迟志于农事的志向。

后人从孔子的这句话引申出一个观点:坐而论道,谓之三公;躬而行之,谓之士大夫。

将学问做好,通达于形而上,保国安民,是君子的责任义务;而器物财用,则是小老百姓对于国家力量的贡献,也是义之所在。

如何发挥百姓、士大夫的才能,体现了一个领导者的智慧,"智者

尽其谋,勇者竭其力,仁者播其惠,信者效其忠"是用人的最高境界。

刘邦有一个最大的优点,就是能够不拘一格地使用人才,所以刘邦的队伍里面什么人都有:张良是贵族,陈平是游士,萧何是县吏,樊哙是狗屠,灌婴是布贩,娄敬是车夫,彭越是强盗,周勃是吹鼓手,韩信是待业青年……但刘邦把他们组合起来,各就其位,毫不在乎人家说他率领的是一个杂牌军,他刘邦是一个草头王。刘邦要求的是所有的人才都能够最大限度地发挥作用。这就叫不拘一格。刘邦曾说过:"夫运筹帷帐之中,决胜千里之外,吾不如子房(即张良)。镇国家,抚百姓,给馈饷,不绝粮道,吾不如萧何。连百万之军,战必胜,攻必取,吾不如韩信。"但他却可以命令这三个杰出人才为自己卖命,这才是他的高明之处。

一个痞子能得江山,靠的就是有办法,刘邦和朱元璋一样都是平民皇帝,不只靠运气,最关键的是敢用人,知人善任:谋臣能从容定计,将士能见危受命。韩信就是很好的例子,要不是萧何去追,要不是寒溪水涨,哪里能有汉朝400年的江山啊!

原文

子曰:"古之学者为己,今之学者为人。"

纪老师说

古今学者,学风有别。为人为己,一字之差,泾渭分明。

事实上,无论哪个时代,总是为人为己的学者都有,这也是我们应该注意的。更应该注意的是自己,学习到底是为人还是为己呢?

苏洵27岁开始发奋读书,47岁两个儿子双双进士及第,人们突然发现两兄弟身后还有一位"有智慧"的父亲。

苏洵20年的读书史中有两个明显不同的阶段,前十年眼睛盯着圣贤书,心里想着考功名,写了百十篇应景文章;后十年将前边写的文章一把火烧掉后开始为自己读书,写自己想写的文章。苏洵前十年"为人"读书,结果一事无成,后十年"为己"读书,并最终晋身唐宋八大家的行列。

读有用之书,为稻粱谋,越读内心的欲望越多,这是"今之学者"干的事;读无用之书,随性而至,通过读书让自己的内心越来越平静,这才是"古之学者"的人生愿景吧。

原文

蘧伯玉①使人于孔子。孔子与之坐而问焉,曰:"孔子②何为?"对曰:"孔子欲寡其过③而未能也。"使者出。子曰:"使乎④!使乎!"

注释

①蘧伯玉:名瑗,卫国大夫。孔子到卫国时曾住在他家。

②孔子:指蘧伯玉。古代尊称大夫为孔子。

③欲寡其过:想减少自己的过错。

④使乎:好使者啊!

纪老师说

卫国多君子,蘧伯玉排第一。

孔子流浪到卫国时,一开始就住在他家里面,蘧伯玉对他很好。后来卫灵公给了孔子很多的俸禄,孔子可以租房子住了,就从蘧伯玉的家里搬了出来,但是他们之间还一直有交往,互相问候。

有一天蘧伯玉就派了一个人来问候孔子。孔子问这个人:"你家老先生最近在家里干什么啊?"这个人说:"我们家的老先生啊,正在苦恼该如何减少自己的过错呢。"这样的使者让孔子欣喜若狂,大呼小叫道："竟有这样的好使者！竟有这样的好使者！"

这样一个使者，既说了实话，夸赞了东家，又显示了谦逊的态度；既显示了谦逊态度，又展现了东家贤德之本——本来嘛，人谁无过？但是谁能这么大的年纪，还在考虑如何不犯错误？这才叫贤德呢！这也才叫会夸人呢！使于四方不辱君命者，此之谓也。

孔子对使者的赞叹，也是对蘧伯玉活到老学到老、在人生道路上坚持反思自己行为的赞同。

蘧伯玉刚二十岁时，就已经能够察觉出以往所犯的过错，并且全部改正。到了二十一岁，才知道以前的过错未完全改掉。到他二十二岁，回头查看二十一岁时自己所做的事，感觉好像还在梦中一样，年复一年，连续不断地改正过失。等他到了五十岁的时候，仍然还清楚自己四十九岁那年尚未改正的过失，古人改过的态度就是如此执着。

如果我们能主动地反省自己的不足，减少过错，我们也就进步了。

纪连海谈 论语

原文

子曰:"不在其位,不谋①其政。"曾子曰:"君子思不出其位②。"

注释

①谋:谋划,考虑。
②思不出其位:所虑之事不越出职务范围。

纪老师说

"不在其位,不谋其政"一句在《论语·泰伯篇》中已出现,此处增加曾子对这句话的解释:"君子思不出其位。"

所谓"君子思不出其位",说穿了,就是做冬瓜就考虑冬瓜的问题,做西瓜就考虑西瓜的问题,只有做好分内的事情,才能有"位"可出。

伊尹,商初重臣,历事商朝商汤、外丙、仲壬、太甲、沃丁五代君主五十余年,为商朝强盛立下汗马功劳。

相传伊尹生于伊水边,成年后流落到有莘氏,以耕地为生,地位虽卑,而心忧天下。他见有莘氏国君有贤德,想劝说他起兵灭夏。为接近有莘国君,他自愿沦为奴隶,充任有莘国君贴身厨师。伊尹把有莘国国君伺候得舒舒服服，在这舒服的过程中，国君发现了其才干，提拔他为管理膳食之官。经长期观察，伊尹终于发现，有莘氏与夏同姓，均为夏禹之后，血缘联系难以割断，况且有莘国小力弱，不足以担当灭夏重任，只有汤才是理想人选，决定投奔汤。

其时汤娶有莘氏之女为妃，伊尹自愿作陪嫁媵臣，随同到商。他继续发挥自己的特长，背负鼎俎为汤烹炊。吃得好总得看看是谁做的吧，这样，汤就认识了伊尹。两人熟识后，什么都可以说了，伊尹便以烹调、五味为引子，分析天下大势与为政之道，劝汤承担灭夏大任。

汤由此方知伊尹有经天纬地之才，便免其奴隶身份，命为右相，成为最高执政大臣。

伊尹不仅是辅佐汤夺取天下的开国元勋，还是后来三任商王的功臣，因此，伊尹在甲骨卜辞中被列为"旧老臣"之首，受到隆重祭祀，不仅与汤同祭，还能单独享祀。

试想，伊尹这个身份低贱的人，如果不是从底层做起，干好本职，一步步去取得君主的信任，他会得到君主的认可与重用吗？恐怕不会，不但不会而且恐怕他还没见到君主，就被君主的手下以冒犯之名给杀掉了，哪还能成为圣人。

原文

子曰:"君子耻其言而过其行。"

纪老师说

"君子耻其言而过其行",同类的话孔子从不同的角度讲过多次。《为政篇》第十三章:"子贡问君子。'子曰:先行其言,而后从之。'"本篇子曰:"其言之不怍,则为之也难。"都与之意思相近。

成语"言过其行"就出于此处。就是说要言而有信,讲话要兑现;牛吹大了,事实上做不到,这是君子引为可耻的。不要把话讲得超过了自己的表现,做不到的,绝不吹牛。

孔子希望人们诚信做人,少说多做,而不要多说少做甚至只说不做。夸夸其谈的人,最终会害人害己。

三国时,孙权使诈杀害了关羽;刘备悲愤不已,出兵伐吴,想替关羽报仇,不幸失败,退到了白帝城,最后刘备又忧愤而病倒。

当刘备临终的时候,将复国的重任和辅佐幼主的事托付了给诸葛亮,并且告诉他说:"马谡是虚浮不实的人,他所说的话,往往夸大,言过其实,今后丞相任用他时,要格外得谨慎。"

后来,司马懿出兵攻打街亭,马谡向诸葛亮请求自愿去镇守街亭,结果因为自作主张,战术错误,弄得街亭失守。诸葛亮以马谡不听军令，将他处死。这时候，诸葛亮突然想起了刘备临终的遗言，很后悔没有谨守嘱咐，而大哭了一场。

　　清华大学礼堂前的草坪上，有一块石碑上刻着四个字：行胜于言。希望世人都能以这四个字为座右铭，从这里我们想到，孔子的思想，几千年以来，始终成为国家民族文化的中心，的确是有它千古不灭的价值。

原文

子曰："君子道①者三，我无能焉：仁者不忧，知②者不惑，勇者不惧。"子贡曰："孔子自道③也。"

注释

①君子道：君子所遵循的原则。

②知：同"智"。

③自道：自我表述，自己说自己。谦词。道：言，说。

纪老师说

本章记载孔子自谦三达德"我无能焉"的美德，其含义在《子罕篇》第二十九章已解说，不再赘述。

> **原文**

子贡方人①。子曰:"赐也贤乎哉?夫我则不暇②。"

> **注释**

①方人:方,通"谤"。方人,评论是非。
②暇(xiá):闲暇时间。

> **纪老师说**

俗话说:平时常思己过,闲谈莫论人非。一个真正优秀的人,经常想到的是自己的不足,以求不断地完善自己,而不是靠议论别人的短处来抬高自己,来证明自己的优秀。

子贡在孔门弟子中属于才华出众的拔尖弟子,孔门十哲之一,属于言语出众者。

诸多的史实也可以验证,子贡能言善辩,才华出众,但距离孔子的要求差距甚远。孔子最中意颜回,子贡也自道不如颜回,颜回闻一以知十,子贡仅能闻一以知二。之所以如此,恐怕也正在于子贡太过外现,缺少自修、内省,所以也就难以达到孔子的标准。而孔子因材施教,教育学生时更是针对其弱点不足处,对症下药,告诉子贡少在批评人物上面下功夫,要多把时间用在学习上。

纪连海谈 论语

如果用上苏格拉底的"三个筛子",或许子贡就能改掉这八卦的毛病了吧。

有一次,苏格拉底的一位门生匆匆忙忙地跑来找苏格拉底,边喘气边兴奋地说:"告诉你一件事,你绝对想象不到……"

"等一下!"苏格拉底毫不留情地制止他,"你告诉我的话,用三个筛子过滤过了吗?"他的学生察觉情况不妙,不解地摇了摇头。

苏格拉底继续说:"你要告诉别人一件事时,至少应该用三个筛子过滤一遍!第一个筛子叫作真实,你要告诉我的事是真实的吗?"

"我是从街上听来的,大家都这么说,我也不知道是不是真的。"

"那就应该用你的第二个筛子去检查,如果不是真的,至少也应该是善意的。你要告诉我的事是善意的吗?"

"不,正好相反。"他的学生羞愧地低下头来。

苏格拉底不厌其烦地继续说:"那么我们再用第三个筛子检查看看,你这么急着要告诉我的事,是重要的吗?"

"并不是很重要……"

苏格拉底打断了他的话:"既然这个消息并不重要,又不是出自善意,更不知道它是真是假,你又何必说呢?说了也只会造成我们两个人的困扰罢了。"

我们的话语是否常常使人得到益处?先过滤一下,你会发现很多话不必说,也不用说。学习掌管我们的嘴,不容它任意妄为,当一个人掌管了舌头,自然就掌管了全身。

原文

子曰:"不患人之不己知,患其不能也。"

纪老师说

孔子还是强调不要因别人不了解自己而忧虑,而应该努力充实自己的才能,以便让别人更好地了解自己。

宁戚是春秋时期卫国人,出身微贱,想要到齐桓公那里去求取官职,因为穷困无法接近齐桓公,于是,受雇替商人赶车到齐国去,夜晚就在城门之外住宿。

那晚,恰巧齐桓公到郊外迎接客人,夜晚打开城门,所有赶车者都得回避,跟随齐桓公的人很多,而且都拿着明亮的火把。

宁戚在车前给牛喂食,看到了齐桓公,他明白,机不可失时不再来,于是,急中生智敲打着牛角,唱起很悲伤的歌曲。齐桓公听见后,扶着他仆人的手走下车说:"奇怪啊,这个唱歌的人非一般之人啊。"齐桓公于是命令用后面的车子拉他一同回朝。

齐桓公回到朝廷,手下人向他请示如何处置宁戚。齐桓公说:"赏赐给他官衣官帽,我将接见他。"

宁戚第一次见到齐桓公,游说齐桓公统一四境;第二天再见,更劝说齐桓公统一天下。齐桓公非常高兴,想要重用宁戚。

群臣们都纷纷劝齐桓公说:"宁戚是卫国人,离我们齐国只有五百里路,不是很远,不如我们派人去打听打听他的情况,如果他确实是个贤能的人,再重用他也不为晚。"

齐桓公说:"不可这样,打听可能会听到一些小毛病,因为小毛病,而忘记人家的主要美德,这就是君主往往错失天下人才的原因。况且一个人很难十全十美,治政只用他的长处即可。"

于是就提拔重用了宁戚,拜宁戚为大夫,后又官授大司田,分管齐国农业,成为齐桓公的股肱之臣,与管仲、鲍叔牙等一起辅佐齐桓公建立了"九和诸侯,一匡天下"的赫赫霸业,使齐桓公成为"春秋五霸"之首。

宁戚急中生智高歌自荐,使他成为中国历史上毛遂自荐第一人,那种智慧和勇气值得现在的每一个人敬佩和学习。

原文

子曰:"不逆①诈,不亿②不信,抑③亦先觉者,是贤乎?"

注释

①逆:预先猜度。

②亿:通"臆"。猜度。

③抑:连词,表转折关系。可译为"然而"或"不过"等。

纪老师说

孔子主张道德上的无罪推定。对方有欺诈吗?对方有不讲信用吗?孔子坚持不预设立场,因为预设立场往往意味着先入为主,这似乎有点人性善的味道。但如果你真的使坏,我也能先知先觉——这才是孔子的强大之处!

能够做到这两方面,当然是贤者了,而且是大大的贤者。

生活中,真正的智者,一直坚守"不逆诈,不亿不信"的人生信条,所以,才能得道多助。

在传世的书法真迹中,西晋陆机的《平复帖》被公认为第一。

1936年,张伯驹以4万银圆的巨资购得这件国宝后,不久即遭遇战乱,虽颠沛流离,东奔西走,但《平复帖》却一直被缝制在衣物之中,

纪连海谈 论语

不曾离张伯驹片刻。1945年,王世襄因参与清理战时文物损失工作,得以与张伯驹结识,两年后到故宫博物院任职时,便打算在书画著录方面做一些研究,于是就抱着被婉言谢绝的念头向张伯驹提出请求——能否让自己在张家看看《平复帖》。

始料未及的是,张伯驹不仅爽快地答应,而且当王世襄看罢一次后还说:"做研究只看一次是不行的。你如果一次次来我家也太麻烦了,不如拿回家去仔细揣摩!"这令王世襄感激不已。拿回家后,"我每天都提心吊胆,都要看有没有丢失;直到一个多月后毕恭毕敬地捧还给伯驹先生,我才觉轻松愉快,如释重负。"王世襄如是说。

从战乱时也将其携带在身之中,自能看出张伯驹先生对《平复帖》是何等的看重!可就是这样一件稀世珍宝,当相识者因研究需要请求一看时,张伯驹不仅爽快答应,而且还主动提出让对方带国宝回家,这种无以复加的信任,又怎能不令对方感激不尽,永志不忘?

原文

微生亩①谓孔子曰:"丘何为是栖栖②者与?无乃为佞③乎?"孔子曰:"非敢为佞也,疾固也④。"

注释

①微生亩:姓微生,名亩。鲁国隐士。

②是:如此,这样。代词,作状语。栖栖(xī),忙忙碌碌,奔波不定的样子。

③佞(nìng):能言善辩,花言巧语。

④疾:讨厌,痛恨。固,固执的人。

纪老师说

不知道这个微生亩是谁,但直呼孔子的名,至少证明此人年龄较长,从他说话的语气看,可能还是个高士。

一看到"栖栖者"这个词,忽然就想起了辛弃疾的那首《踏莎行·赋稼轩集经句》:

"进退存亡,行藏用舍。小人请学樊须稼。衡门之下可栖迟,日之夕矣牛羊下。

去卫灵公,遭桓司马。东西南北之人也。长沮桀溺耦而耕,丘何为

是栖栖者。"

词中的句子全用四书五经中的成句,直抒胸臆,同时又不违反词的格律。整首词,风趣而不滞涩,洗练而不纤巧。

词上片主要讲自己归隐躬耕不仅合乎圣贤之道,而且恬静可喜。下片笔锋一转,用反对"学稼"的孔子的典故,来进一步说明耕稼之乐。

从表面上看,这首词充满了对大圣人孔子的讽刺和挖苦,是对孔圣人的"大不敬"。但细加品味,那执着于自己的政治信念、一生为之奔走呼号而其道不行的孔子,实是词人归耕前自我形象的写照。讪笑孔子,正所谓自嘲也。其中不知有多少对于世路艰难的慨叹,对于自己怀才不遇、报国无门的惆怅与愤恨!所以词中讽刺孔子,正突出了孔子的伟大形象。

这首词,可以说写尽了颠簸流沛的孔子的一生。

原文

子曰:"骥不称其力,称其德也。"

纪老师说

孔子称赞宝马时重在品德,其原因应该是奔驰千里的能力大多是天生的,如果没有好的品德作为辅助,野性难驯,千里马也很难为人所用,不能成为真正的宝马。

而品德修养则主要依靠后天的培养,是可以凭借后天的主观努力积累而养成的,"称其德"能够激发人的进取之心,不为先天的差距而感到无奈,在品德上不断自修。

以前练武功的人喜欢讲"武德",孝悌忠义,扶危济贫,除暴安良之类。一个人的武功可以达到哪个层次,最后比拼的是跟武术没有直接关联的"德"。

何止是武术,南方人爱说做事就是做人,天分很重要,机遇也很重要,但不管你有多少聪明才智,最后看的是人品。一个歌手最后成为了一名歌唱家,他被人们记住的肯定不只是他的歌声,这就是所谓的"德艺双馨"。

屈原是中国最伟大的浪漫主义诗人之一,也是世界文化名人。他创立了"楚辞"这种文体,也开创了"香草美人"的传统。他在官场,屡

遭排挤，然而他矢志不渝地爱着自己的国家，矢志不渝地追求着自己理想的心灵纯净世界，"路漫漫其修远兮，吾将上下而求索"，这是他展示给世人的坚贞形象。甚至，当他得知国家灭亡时，愤然跳入汨罗江，用自己的身躯为国家殉葬，这就是屈原。从肉体到灵魂，他都是坚贞的爱国者。

"端午节"就是为纪念诗人屈原设立的，一个国家为了一个诗人设立一个节日，世上绝无仅有，之所以这样做，是感佩于他的德行吧。

原文

或^①曰："以德报怨，何如？"子曰："何以报德？以直^②报怨，以德报德。"

注释

①或：有人，无定指代词。

②直：正直，公正。这里指不隐瞒自己的爱憎之情，该怎么办就怎么办。

纪老师说

《新唐书·娄师德传》记载，当娄师德的弟弟要到代州去做官时，他教导弟弟要学会忍耐。弟弟说："这没问题，比如说有人向我脸上吐口水，我把它擦掉就是。"可娄师德却说："擦掉也不对，因为这样还是会显露出你对他的做法不满，所以，应该让它自己在脸上干掉。"这样的修养功夫就是以德报怨，一般人真是很难做到。

我们也看到，孔子并不赞成这样的做法。他虽然没有正面回答有人提出的这个问题，但却很艺术地说："以德报怨，那又用什么去报德呢？"所以他主张以直报怨，以德报德。

要用正直的行为去回报别人的怨恨，用恩德去回报别人的恩德。

纪连海谈 论语

北宋名相王旦是个很正直也很有度量的人。当王旦任宰相时，寇准屡次在皇上面前说王旦的短处，然而王旦却极力称赞寇准的长处。有一天真宗笑着对王旦说："卿虽然常称赞寇准的长处，但是准却专说卿的短处呢！"王旦回答说："臣居相位参与国政年久，必然难免有许多缺失，准侍奉陛下无所隐瞒，由此更见准的忠直，臣所以一再保荐。"真宗由此更赏识王旦。

当寇准免去枢密职位后，曾私下求王旦提拔他为相，王旦惊异地回答说："国家将相重任，怎可用求来的呢？"寇准心中很不愉快。其后皇上授予寇准节度使同平章事。准入朝拜谢说："臣若不是承蒙陛下知遇提拔，哪有今日？"皇上便将王旦一再推荐之事告知，寇准非常惭愧感叹，自觉德量远不及王旦。

原文

子曰:"莫我知也夫!"子贡曰:"何为其莫知子也?"子曰:"不怨天,不尤①人,下学而上达②。知我者其天乎!"

注释

①尤:怨恨,责备。

②下学而上达:下学,指下学人事。而,连词,连接词组,表示并列关系,可不译。上达,指上达天命。

纪老师说

"莫我知也夫!"这是圣人孔子发出的感慨!

历史没有为孔子的家庭生活留下更多细节,但拥有一个或几个志同道合的家人的可能性很小,三世出妻的"绯闻",资质平庸的儿子,似乎都可以作为佐证。同僚中能让孔子激赏的似乎也不多,我们记住的却有"知我者其天乎!""太宰知我乎?"式的感叹。

"不怨天,不尤人,下学而上达。"算是孔子对自己一生的小结,孔子出身贫苦,什么"鄙事"都尝试过,但最终能够通达人生大道。

"知其不可而为之",他为了实现自己的理想,到处奔波。周游列国十四年,宣扬他的治国理论,结果,处处碰壁,甚至可以说落到了

纪连海谈 论语

"丧家犬"的地步。但是他没有放弃自己的理想，用自己的行动来表达他的执着。

到了六十八岁，他回到了自己的家乡。

回国以后，他整理中国典籍，如六经，尤其是编纂《春秋》。活了七十三岁，他离开了人间。

去世前，有人在狩猎时获得了麒麟，孔子说："吾道穷矣。"临去世的时候，他唱了一首歌，"太山怀乎！梁柱摧乎！哲人萎乎！"

一个人，假如上达天命，下行天道，履行自身的人间使命，完成自我的人格塑造，此种境界之上，只有与天地晤对了。

孔子知天，天知孔子呀。

原文

公伯寮愬①子路于季孙。子服景伯②以告,曰:"孔子③固有惑志于公伯寮,吾力犹能肆诸市朝④。"子曰:"道之将行也与,命也;道之将废也与,命也。公伯寮其如命何!"

注释

①公伯寮:字子周。孔子的学生。曾作过季氏的家臣。愬,告发,控告,这里指诽谤。

②子服景伯:名何,字伯,"服"为谥号。鲁国大夫。

③孔子:这里尊称季孙氏。

④肆诸市朝:肆,陈列尸体。市朝,街市。

纪老师说

本章记载孔子对待谗毁之言的超然态度。

公伯寮背叛老师,毁谤同学,子服景伯打抱不平,要帮助老师除掉这个害群之马。可孔子却不同意。孔子的意思是说,我们所奉行的是治国平天下的大道,能不能行得通,自有天命主宰。所谓历史的车轮不可阻挡,螳臂当车,谈何容易!所以,孔子并不同意对公伯寮采取过激的行动。

事件里的关键人物公伯寮,在孔子一生几件大事上起到决定性作用,在孔子执行"堕三都"计划过程中,暗地里将孔子写给鲁定公的简札私自透漏给季氏,由此孔子得罪了季氏。孔子在冬祭未有得到祭肉的情况下,季氏让公伯寮带给孔子玉玦,并让公伯寮告诉孔鲤是定公亲言送此物给孔子。此举使得孔子认为定公寓意诀别,孔子决定开始周游列国。由此公伯寮得到了季氏赏赐,退出孔子弟子行列。

在这一事件中的另一位关键人物是子服景伯。子服景伯虽然是孟孙氏的庶支,但是他们这一支每年负责主持鲁国祭祀天帝先王的仪式,因此身份和地位都很高。

在鲁国"三桓"之中,孟孙氏一直与孔门关系密切,当年孟孙氏宗主孟僖子临终前特意嘱咐两个儿子孟懿子和南宫敬叔一定要师从孔子学礼。到孟敬子之时,他不仅继承了与孔门保持密切关系的传统,还聘请曾子的弟子阳肤为孟孙氏的士师。子服景伯在年龄上比孔子要晚一辈,但他对孔子比较敬重,与孔门弟子也过从甚密。

此后不久,孔子便黯然离开鲁国,子路也辞去季氏宰,随老师一起周游列国去了。"道之将行将废,必须听之以命。"这是孔子遇到公伯寮之类的小人而被迫离开鲁国时留下的话,其中有多少愤懑和无奈,我们只能透过孔子的语言体察了。

原文

子曰："贤者辟①世，其次辟地，其次辟色，其次辟言。"子曰："作者七人②矣。"

注释

①辟：同"避"，逃避，躲避。
②七人：指伯夷、叔齐、虞仲、夷逸、朱张、柳下惠、少连七人。

纪老师说

这一章讲的是贤士隐居。

贤士隐居有各种各样的原因。尧舜时代的许由、巢父，都不愿当官，尽管尧帝把君位让给他们，他们也都拒绝，于是逃到箕山而隐居，体现了淡泊名利的高贵品质；伯夷、叔齐，兄弟俩谦让权力，离开孤竹国，想到西伯（周文王）治下养老，伯夷、叔齐对武王"不孝""不仁"和"以暴易暴"大失所望，于是远离人间烟火，到首阳山隐居，彻底"辟世"；鬼谷子是纵横家的鼻祖，因厌恶无休止的征伐，而隐居于清溪之鬼谷，体现了关爱人民的高贵品德；商山四皓，不愿当官，刘邦请他们出山从政，也遭到了拒绝，而隐居商山；春秋时期的晋国贤臣介子推，因厌恶小人追逐名利，而隐居绵山，晋文公尽管放火烧山，介子

纪连海谈 论语

推宁愿抱树烧死,也不和那些贪得无厌的卑鄙小人一起为官,避免污染了圣洁的灵魂!这就是贤士隐居的原因,这和当今那些跑官、要官、买官的人不形成鲜明的对比吗?

显然,孔子对隐士颇为尊重,称其为"贤者",赞伯夷、叔齐"求仁而得仁"(述而篇)。孔子尊重隐士什么呢?人格和道德。隐士面对权力纷争或混乱社会,不肯同流合污,不愿苟延残喘,因而"辟言""辟色""辟地""辟世",去过自由独立的生活。

这诸多隐士,形成历史上的一个重要现象,至老子、庄子和后来黄老学派,则集大成,为道家,地位日显,对中华文化产生了巨大影响。

孔子始终没有"辟世",但他内心未尝不想去做一个隐者,"居九夷",或者干脆"乘桴浮于海"。

原文

子路宿于石门①。晨门②曰:"奚自③?"子路曰:"自孔氏④。"曰:"是知其不可而为之者与?"

注释

①石门:鲁国都城的外门。一说指地名,在今山东省平阴县北。

②晨门:掌管早晚开闭城门的人。

③奚自:"自奚"。从什么地方(来)。疑问代词"奚"做介词"自"的宾语,前置。

④孔氏:指孔子处。

纪老师说

晨门一句话,道出了孔子一生的行事风格。

"知其不可而为之"的意思,古今学者的解释非常一致,非常准确。汉代学者包咸的解释是"言孔子知世不可为而强为之也。"包氏此言被后人纷纷称引,笔者未看到反对意见。

"知其不可而为之"是一种精神,是一种孜孜不倦、夜以继日、持之以恒和坚持不懈的精神;是一种别人都说高不可攀,但我从来都认为希望就在眼前的精神。

纪连海谈 论语

哲学家胡适在《中国哲学史大纲》一书中说:"'知其不可而为之'七个字写出一个孳孳恳恳终身不倦的志士。"又在《中国古思想史长编》中说:"儒家的特别色彩就是想得君行道,想治理国家。孔子的栖栖皇皇,'知其不可而为之',便是这种积极精神。"

这种精神千百年来,鼓舞着人们奋力前行。

古人重然诺,明明知道难以成功,仍要勉励为之。诸葛亮六出祁山,姜维九伐中原,都是为了兑现承诺。

诸葛亮受刘备三顾茅庐之恩,于白帝城答应刘备的临终托孤,不能不忠义奋发,鞠躬尽瘁。以诸葛亮之聪明,不可能不清楚,阿斗是永远扶不起来的。而蜀军自关羽失了荆州,刘备败于江东,已无独自北伐中原的力量。然而他仍要六伐中原,不过是要尽到一个臣子的责任,兑现对刘备的承诺。

姜维也一样,他深知,以诸葛亮之智,尚不能北伐成功,何况自己,且此时蜀中人才更加凋零,自保都不足,更不用说北伐了。但是为了报答诸葛亮的知遇之恩,他一定要竭尽全力,知其不可而为之。

原文

子击磬①于卫，有荷蒉②而过孔氏之门者，曰："有心哉，击磬乎！"既而曰："鄙③哉，硁硁④乎！莫己知也，斯己而已矣⑤。深则厉，浅则揭⑥。"子曰："果哉！末之难矣。"

注释

①磬（qìng）：一种打击乐器。用玉或石制成。

②荷蒉（kuì）：担着草筐。荷，担，挑。蒉，盛土的草筐。

③鄙：见识短浅。

④硁硁：击磬的声音。这里含有褊狭固执的意思。

⑤斯己而已矣："己"之前省略了一个"知"字。

⑥深则厉，浅则揭：这两句诗选自《诗经·卫风·匏有苦叶》。这里用来比喻人的进退应该审时度势，不能"知其不可而为之"。厉，石头，踩着石头过河。揭，撩起衣服过河。

纪老师说

《史记·孔子世家》载："孔子自楚反乎卫。是岁也，孔子年六十三，而鲁哀公六年也。"

此时卫灵公已经去世，卫出公辄在位，而其父蒯聩则淹留在外不得立，君臣名分不正，孔子不愿去蹚这潭"名不正而言不顺"的浑水，所以每日无所事事，以"六艺"授徒为主。

这一日，孔子与弟子在家中演习古乐，他老人家亲自击磬，声若石硁，坚定有力。此时恰好有一个人挑着草筐从此路过，他驻足聆听了一会儿，说："没有人能理解你就算了吧。就好像过河，水深就踩着石头过去，水浅就撩起衣服过去。"

荷蒉者主要是嫌孔子"矫情"，既然想过河，就不要怕把鞋子弄湿，其实你完全可以选择不去蹚这潭浑水。

这位"荷蒉"者，能从别人敲击石板的声音中听出对方的心事，绝非一般人。

音律乃高雅之事，我等凡夫只长了双牛耳，历史上精通音律的人可多了去了。

荆轲刺杀秦王失败后，秦王严命追索同党，高渐离只得隐身埋名，在宋子城里当酒保。

一日听到堂上有人击筑，高渐离"彷徨不能去"，他决定主动暴露身份以便找机会接近秦始皇，他把自己的筑和衣裳从行装匣子里拿出来，改装整容来到堂前，满座宾客大吃一惊，离开座位用平等的礼节接待他，尊为上宾。请他击筑唱歌，宾客们听了，没有不被感动得流着泪而离去的。

宋子城里的人轮流请他去做客，这消息被秦始皇听到。秦始皇召令进见，有认识他的人，就说："这是高渐离。"秦始皇怜惜他擅长击筑，特别赦免了他的死罪。于是熏瞎了他的眼睛，让他击筑，没有一次不说好。

高渐离渐渐地更加接近秦始皇。高渐离便把铅放进筑中，在进宫击筑靠近时，举筑撞击秦始皇，没有击中。于是秦始皇就杀了高渐离。终身不敢再接近从前东方六国的人了。

原文

子张曰:"书①云:'高宗谅阴②,三年不言。'何谓也?"子曰:"何必③高宗,古之人皆然。君薨④,百官总己以听于冢宰三年⑤。"

注释

①书:指《尚书》。

②高宗谅阴:高宗,殷高宗,即商王武丁。谅阴,天子居丧的房子,也称凶庐。

③何必:为什么一定。熟语,也可不译。译文用的是意译。

④薨(hōng):君王死称为"薨"。

⑤百官总己以听于冢宰三年:总己,总摄己职。即各自管理好本职内的事。冢(zhǒng)宰,官名,相当后世的宰相。

纪老师说

子女为父母守丧三年的习惯在孔子以前就有,《尚书》中就有这样的记载。

子张不是不知道守丧三年的事情,而是对国君守丧三年不理朝政,这个国家怎么运作呢,持有疑问。孔子说,冢宰代理朝政,各个部门都

各司其职，大家都按照制度办理就行了，无须国君亲自理政。

高宗是殷高宗，即武丁，盘庚迁都后殷商出现了"武丁中兴"的盛世，对普通百姓而言，武丁的妻子——那位名叫"妇好"的女将军的名气似乎更大些。

那么"谅阴"到底是什么意思呢？

翻翻词典，"谅"可理解为"相信、信任"比较合适，就是说高宗是个诚信的人。至于"阴"就选不出适当的意思与整句话相匹配了。

《国语·楚语下》说，武丁长期和底层人生活在一起，做了君王之后，他认为自己说出的话，四方百姓会以此为行事的准则。说的不合适就会误导了百姓，所以不多说话。

联系整个语段，"高宗谅阴"可理解为武丁诚信，不喜多言。因此，武丁不多说不是孔子解释的因为守丧。

《孟子·滕文公上》记载了滕定公死后在滕国引发的一场大讨论，孟子坚持"三年之丧"，但遭到父母百官反对，他们反对的理由是"吾宗国鲁先君莫之行，吾先君亦莫之行也。"但孟子说孔子是倡导三年之丧的，为君者应该首先做好表率。

原文

子曰:"上好礼,则民易使也。"

纪老师说

本章与"政者,正也。""子帅以正,孰敢不正。""上好礼,则民莫敢不敬;上好义,则民莫敢不服;上好信,则民莫敢不用情(尽忠)。"等数辞一意,指上行下效。

原文

子路问君子。子曰:"修己以①敬。"曰:"如斯而已乎②?"曰:"修己以安人③。"曰:"如斯而已乎?"曰:"修己以安百姓。修己以安百姓,尧、舜其犹病④诸?"

注释

①以:连词,连接分句,表示目的。可译为"来"或"以便"。下面几个"以"用法同此。

②斯而已乎:斯,代词。指代"修己以敬"。而已,罢了,够了。

③安人:使他人安乐。安,使动用法。

④病:这里有"难"的意思。

纪老师说

这里孔子在谈君子的标准。他认为,修养自己是君子立身处事和管理政事的关键所在,只有这样做,才可以使上层人士和老百姓都得到安乐,所以孔子的修身,更重要的在于治国平天下。

刘宝楠《论语正义》解释说:"修己就是修身,安人就是齐家,安百姓就是治国平天下。安人安百姓都建立在修身的基础之上。"

这么说来,《大学》所列的修、齐、治、平进修阶梯,实际上已由孔子在这里亲口说出来了。

明朝永乐年间，南海人周新任监察御史。他正直廉洁，对于官场中的流弊，敢直言披露，行为不轨的贵戚们都很怕他，视之为"冷面寒铁"。后来，周新改任浙江按察使，当地含冤负屈的老百姓听到这个消息以后，纷纷奔走相告："我们得救了。"周新到任后，果然澄清了许多积年冤案，惩处了贪赃枉法的官吏，很快，就得到当地人民的拥护。

为了感谢他，经常有人给他送礼品、财物。周新恪守自己的誓言：份礼不受，分文不取。一次次当面退还了礼品、财物。一次，有人趁周新不在家，给他送去一只烤鹅。周新的管家推辞不掉，就留下了。周新回家后知道了这件事，为了杜绝人们再来送礼，他便把那只烤鹅高挂在家里很显眼的地方。以后有人再来送礼，他就指着那烤鹅说："你要是不拿走，照挂不误！"从此，再没人敢给他送礼了。

像周新这样的好官，就是修身安百姓的典范啊。

纪连海谈 论语

原文

原壤夷俟①。子曰:"幼而不孙弟②,长而无述③焉,老而不死,是为贼④。"以杖扣其胫⑤。

注释

①原壤夷俟:原壤,鲁国人,孔子的旧友,传说他母亲死了,孔子去帮他料理丧事,他却站在棺材上唱起歌来。孔子认为这是大逆不道。夷,两腿叉开坐叫"夷"。古代认为这是傲慢的表现。俟(sì),等待。

②孙弟:谦逊孝悌。孙,通"逊"。弟,通"悌"。

③无述:没有建立什么功绩,可以被人称述的。

④贼:害人的人。

⑤胫:小腿。

纪老师说

本章记载孔子对原壤老而无礼的呵斥,文字十分活泼有趣,年幼是两个小朋友,年长是一对冤家。孔子数落了原壤一辈子的不是,可能是越说越生气,顺手就用拐杖去敲原壤的小腿,有点恨铁不成钢的意味,这一历史细节的描写,画面感很强,虽是又打又骂,但莫名让人觉得很温暖。

俗话说得好"三岁看大，七岁看老""从小不是驴，到老是驴驹"。

孔子的发小——原壤，就是这么一个人。

《孔子家语》记述：原壤的母亲死后，孔子打算帮助他整修棺椁。

孔子的弟子子路有些不高兴了："我从前听您教导我们：'不要和不如自己的人交朋友，有了过错不要怕改正。'看来现在您已经畏惧改过，所以还是不要和这样的人再打交道吧？"

在孔子的弟子中，子路的性格最为鲜明，率真，正直，毫不做作，对孔子也敢于直接提出批评。子路此言一出，孔子脸色通红地辩解："（《诗经·邶风·谷风》说）'凡百姓有丧事，要尽力去救助'，何况原壤是我的老朋友呢？即使他不是我的朋友，出于道义我也会去帮助他的。"

原壤还真不给孔子长脸。等到孔子帮助他安置好其母亲的棺椁，他竟然敲着棺木说："我不用歌声寄托我的情思已经很久了，就让我放声高歌一曲吧。"说罢，在众人诧异的目光中，旁若无人地大唱："棺木的花纹啊像狸首一样斑斓，握着你的手啊那样柔软。"

原壤此举让孔子非常难堪，孔子假装没有听见，就从他身旁走过。

眼里揉不下沙子的子路当然不会放过此事，他跟在孔子后边，边走边数落老师："原壤的行为太怪诞，您降低身份委屈自己到这种地步，已经没有必要再和他交往了，难道您还不和他断绝来往吗？"

孔子心里也感到窝囊，但仍然强辩："我听说，亲人之间不能失去成为亲人的感情，老朋友之间不能失去成为老朋友的感情。"

不但孔子有原壤这样不上台面的故旧，我们每个人都有这样的旧交，彼此早已志不同道不合，然而，少小相伴，一份陈年旧情还是让大家联系在一起，不忍割舍，这才是真性情的孔子啊。

纪连海谈 论语

原文

阙党童子将命①。或问之曰:"益②者与?"子曰:"吾见其居于位③也,见其与先生并行④也。非求益者也,欲速成者也。"

注释

①阙党童子将命:阙(què)党,即阙里,鲁国地名,在今山东曲阜县境内,是孔子的家乡。童子,古时男孩二十岁行加冠礼后为成人。未及冠龄者称童子。将命,将接受传达命令通知等方面的任务。

②益:增益。这里指上进。

③居于位:《礼记·玉藻》记载,"童子无事则立主人之北,南面。""居于位"则不合当时礼节。

④与先生并行:依当时礼节,童子不能与成人并行。

纪老师说

这是一件极小的事情,却表现了孔子从细微处识人的独特眼光和深厚功力,亦可想见入孔门绝非如孔子所说的行束脩而无不诲那么简单。

阙党,孔子故里,阙为地名,党为行政编制。古制五家为邻,五邻为里,四里为族,五族为党,这样算下来,阙党得有五百户人家。阙党有一童子,因不满十五岁,故而尚未拜入孔门,但他经常到孔子家来帮

着跑跑腿、传传话。"将命"，即在宾主之间传达言辞、来回递话。

来宾见这个童子头脑灵活、口齿伶俐，就对孔子说道："如果这个童子拜入孔门，孔子亲自施教，假以时日，一定会有所成就吧。"

孔子当时并未吭气，事后他对来宾说："您刚才提及的那个童子看似机灵，但是从两个细节中可以看出他长大后难成大器：一是他见室内有空座位就随意去坐，二是他与长者并肩而行，这些行为都是有违礼仪的。一个有德君子应该从每一个细微之处来规范言行举止、提高道德修养。如果做不到这一点，他只能是一个急于求成的人，这种人是不会有太大出息的。"

《礼记·经解》载：孔子曰："入其国，其教可知也。其为人也……恭俭庄敬，《礼》教也……"到一个邦国或一个地方，那里的人们为人处事恭俭庄敬，就可以肯定那里的"礼教"推行得好。由此可见，孔子主张普遍的"礼教"。

其次，从孔子话语中可知，他主张人的成长、进步要踏踏实实，循序渐进，不可急于求成。同时，父母、师长亦不可拔苗助长。否则，"欲速则不达"。

卫灵公篇

原文

卫灵公问陈①于孔子。孔子对曰:"俎豆之事②,则尝闻之矣;军旅之事,未之学也。"明日遂行。

注释

①陈:通"阵",军队作战时,布列的阵势。

②俎豆之事:俎和豆都是古代举行祭祀或举行礼仪时盛肉食的器皿,这里借指礼仪一类事情。

纪老师说

"未之学也"仿佛在说从未涉猎。孔子这里的态度引发了后人的多种猜测,有人说卫灵公故意拿孔子不擅长的军旅之事刁难孔子,目的是驱赶他;也有人说孔子这里只是跟卫灵公装傻。

孔子真的不懂军事吗?

《论语》中孔子有"教民七年,可以即戎""以不教民战,谓之弃也"的论述;孔子的学生冉求曾经率领弱鲁大败强齐,季氏问他的军事才能是谁教的,冉求说是老师,这可以说明孔子对军旅之事很是精通。

孔子非但精通军事,而且还有武功表现。鲁定公十年,孔子为鲁国大司寇,并摄行相事。鲁定公与齐景公会于夹谷,孔子对定公说:"有文事者比有武备，有武事者必有文备。"劝定公带一队人马去，以防不测。在会盟的时候，景公果然想以武力挟持鲁定公，但孔子不避艰险，从容应付，弄得齐景公下不了台。结果，齐景公为了向鲁定公谢罪，把从前从鲁国侵占去地盘送还了鲁国。

鲁定公十三年，孔子看见鲁国的三家，成了国内之国，将要称兵作乱，于是向定公建议，堕毁三家的都城。在毁季氏的都城费时，季氏的两个家臣，竟率领费人进犯鲁定公。孔子指挥申句须和乐颀二人迎敌，把叛兵打败，堕毁了费。

这些事实足以证明孔子有丰富的军事谋略，那他为何不告诉卫灵公呢？

孔子之所以离开鲁国，周游列国，目的就是要寻找一个可以实现其政治理想的国家。但此时的天下正值礼崩乐坏，是一个迷信武力的时代。诸侯们更多考虑的不是礼乐仁和的政治，而是争霸的问题。如何能够以最快的速度富国强兵，这是诸侯们最迫切期待的，卫灵公就是一个典型的代表。

所以，当卫灵公问"陈"于孔子时，（"陈"就是"阵"，冷兵器时代，军队打仗讲究排兵布阵，以便发挥最强的战斗力。）主张以德治国，以仁义教化天下，反对穷兵黩武的孔子，不予回答。因为，道不同不相与谋，孔子明白，卫国不是他能实现理想的地方，故第二天就离开了卫国。

 纪连海谈 论语

原文

在陈绝粮①,从者病②,莫能兴③。子路愠见曰:"君子亦有穷乎?"子曰:"君子固穷④,小人穷斯滥⑤矣。"

注释

①在陈绝粮:孔子周游列国时,从陈国去蔡国的途中,因故被陈国人包围,断绝粮食七天。

②病:重病。这里指饿得很厉害,以至病得爬不起来。

③兴:兴起,这里指行走。

④固穷:固守,安守穷困。指虽穷困依然坚守节操。固,形容词活用作动词。

⑤滥:泛滥。这里指胡作非为。

纪老师说

在所有关于孔子的记载中,最能激发人们想象力的,莫过于其"在陈绝粮"了。

《论语》提供的原始故事只有三十三个字,无论素材看来有多大的潜力,记录此次事件的孔门弟子绝想不到,它会在后世引起人们那么丰富的联想。从战国的《庄子》到三国时期的《孔子家语》,这个故事至

少有九个不同的版本流传于世。不同时代不同学派的学者，都踊跃参与了这个故事的创作。

司马迁的《史记·孔子世家》，更把这个故事演绎到了几百字：

孔子在陈、蔡间遭受困厄，绝粮七天，师徒以野菜充饥，面色灰暗，许多人站都站不起来了，而孔子，还在屋子里不住地弹琴高歌。

孔子知道弟子们郁闷，就把子路叫来问："难道我们所行之道不对吗？为何会落到这步田地？"

子路说："想必是我们仁德不够吧？所以人家不信任我们。想必是我们智谋不够吧？所以人家不放我们通过。"

孔子说："仲由，假如仁人不遭厄运，哪会有伯夷、叔齐饿死于首阳山呢？假如智人一定能畅通无阻，哪会有比干被剖心呢？"

子贡接着来见孔子。孔子问了他同样的问题，子贡答道："只因先生学说博大到极点，所以天下没有哪个国家能容纳，先生何不降低要求呢？"

孔子说："德行操守，就像结网要先有纲一样，然后依序梳理，但不一定为世所接纳。你不坚持自己的理想，反而降低标准以求别人容纳。子贡，你缺乏远大志向呀！"

孔子最后问颜回，颜回说："不被容纳有什么问题？不容，然后才见君子本色。学问得不到提高，那是自己的耻辱；大道已完美还不被采纳，那是当国者之丑！"

孔子欣然笑道："就是这样呀，姓颜的小子！假如你发了财，我去给你当管家。"

"在陈绝粮"事件，就在这样多重的演绎下，凸显了孔子执着的求索精神和乐观坚定的品质。

原文

子曰:"赐也,女以予为多学而识之者与?"对曰:"然,非与?"曰:"非也,予一以贯之。"

纪老师说

本章字面意思很简单,但关于孔子的"一以贯之",两千多年来却争论不休。

结合前文"多学而识之",孔子此处的"一贯",应该是从为学的角度去谈,这个"一以贯之"并不是什么根本性的概念,而是一种治学的态度。孔子以多能博学著称,《论语》中多有记载孔子论及六艺的——这基本上涵盖了当时主要的知识、技能。但是,孔子在论及这些知识、技艺的时候,离不开礼乐文化的大背景。孔子思考的方向不是分裂的、零碎的,而是宏观的、整体的。这就是"一",并不是具体的某个概念,而是一种方法与理路。

"多学而识之"的是什么?就是知识啊。孔子显然担心他的弟子们以为他只是博学多识,于是,他主动谈起这个问题,以提醒人们:有一个一以贯之的系统的思想与原则,比拥有无数鸡零狗碎的"知识"重要得多。

把所学知识身体力行,融会贯通,才是真才实学。

《三国演义》第四十三回，诸葛亮为了说动孙权联吴抗曹，曾出使东吴，舌战群儒。

舌战中东吴儒生严峻问孔明："孔明所言，都是强词夺理，全不是正经之谈，不必再说了。只请问孔明著有什么经典之论吗？"

孔明看着他说道："寻章摘句，是世上那些迂腐儒士的所为，哪能够依此兴国立事。古时候躬耕的莘伊尹，垂钓于渭水的姜子牙，还有张良、邓禹等名士高人都没见他们有什么经典论著。——难道说你整天就光只是效仿那些酸腐的书生，区区于笔砚之间，数黑论黄、舞文弄墨而已吗？"严峻垂头丧气，无以作答。

孔子的"一以贯之"，绝不是寻章摘句的知识积累，而是活学活用，让平生所学服务于治国平天下的实践。

纪连海谈 论语

原文

子曰:"由!知德者鲜矣。"

纪老师说

这是孔子对现实的判断,礼崩乐坏,世风日下,知德者越来越少。

孔子作《春秋》,为242年的混乱历史记总结了一个"备忘录"式的东西,期间"弑君三十六,亡国五十二",究其根源,就是大道不行,知德者鲜。

《六韬》曰:"免人以死,解人之难,救人之患,济人之急者,德也。德之所在,天下归之。"因此知德者常帮助人,促使任何人成为德者。这一段话是教我们怎样认识德者,长久紧随德者,好使自己成为德者。

22岁的河北广宗县女孩王倩倩身患白血病,弥留之际她留下遗言,托父亲把好心人捐助的爱心款全部退回。从女儿离世起,父亲王志勇便四处奔走,退还善款。然而,退钱进行得并不顺利,很多网友、街坊好友多次拒绝,为他的知恩图报的信义所感动。

爱心人士捐款救助王倩倩,闪烁着美德的光芒,更令人动容的是,在女孩去世后,其父竟然尊女遗愿竭力归还善款,如此知恩图报着实具有重要的标杆意义。2014年12月王志勇荣登"中国好人榜"。

原文

子曰:"无为而治者其舜也与?夫何为哉?恭己正南面而已矣①。"

注释

①恭己:使自己庄重。正:坐端正。南面:古代以面向南为尊位,帝王之位南向,所以称居帝位者为"南面"。

纪老师说

一般认为无为而治是道家的思想,可孔子在这里也提出了无为而治的问题。实际上,孔子与老子所讲的"无为而治"虽然字面一样,而实质却不同。

孔子的"无为而治"有两层意思:

一是强调领导者"为政以德"。从修养自身入手来治理国家和天下,如《吕氏春秋·先己篇》所说:"昔者先圣王成其身而天下成,治其身而天下治。"或者如《中庸》里面所说:"是故君子笃恭而天下平。""君子笃恭"也就是孔子在这里所说的"恭己正南面而已矣"。

二是作为领导者,切忌事必躬亲,而应该举贤授能,群臣分职。《大戴礼记·主言》曾说:"昔者舜左禹而右皋陶,不下席而天下

治。"《新序·杂事三》也说:"舜举众贤在位,垂衣裳恭己无为而天下治。"说的都是这个意思,天下治是因为有禹和皋陶;"恭己""正南面""垂衣裳"同样不能算是真正的无为。

《易经》说:"黄帝尧舜垂衣裳而天下治。"实际是有德者虚己用贤,居其所而众星拱之。

但老子的无为而治是以虚无清静为基础,既反对道德修养,又反对举贤使能。

所以,儒家所说的无为而治实质上是领导艺术的问题,从根本上说是积极有为的态度,与道家虚无清静、顺其自然的思想有根本的区别。

原文

子张问行①。子曰："言忠信，行笃②敬，虽蛮貊③之邦行矣；言不忠信，行不笃敬，虽州里④行乎哉！立则见其参⑤于前也。在舆则见其倚于衡也⑥；夫然后行。"子张书诸绅⑦。

注释

①行：通达，即行得通。

②笃：忠实，一心一意。

③蛮貊（mò）：这是古代对我国南方和北方少数民族的贬称。蛮，南蛮。貊，北狄。

④州里：古代二千五百家为州，五家为邻，五邻为里，这里的州里指本乡本土。

⑤参：列，显现。

⑥倚于衡也：倚，靠。这里指呈现在，刻在。衡，车辕前平衡把式的横木。

⑦绅：束在腰间的宽带子。

纪老师说

孔子的意思其实也很简单，就是要求子张把"忠信笃敬"作为座右

铭,印在脑子里,根植在血液中,落实到行动上,这样,哪怕到了不开化的少数民族地区都能畅通无阻,走到哪里都行得通。

"言忠信,行笃敬"是我们中华民族的传统美德,千百年来流传着许多动人的故事。

2010年2月9日,腊月廿六。在北京做建筑工程的孙水林回到天津,原定与暂住在天津的家人和弟弟孙东林聚一天再回武汉,但他查看天气预报了解到,此后几天,天津至武汉沿线的高速公路,部分地区可能因雨雪封路。他决定赶在封路前,赶回武汉,给先期回汉的民工发放工钱。春节前发放工钱,是他对民工的承诺。

当晚,孙水林提取26万元现金,带着妻子和三个儿女出发了。次日凌晨,他驾车驶至南兰高速开封县陇海铁路桥段时,由于路面结冰,发生重大车祸,20多辆车连环追尾,孙水林一家五口全部遇难。

弟弟孙东林为了完成哥哥的遗愿,在大年三十前一天,来不及安慰年迈的父母,将工钱送到了农民工的手中。因为哥哥离世后,账单多已不在,孙东林让民工们凭着良心领工钱,大家说多少钱,就给多少钱。钱不够,孙东林就贴上了自己的6.6万元和母亲的1万元。就这样,在新年来临之前,60多名民工都如愿领到了工钱,孙东林如释重负。

"新年不欠旧年账,今生不欠来生债",孙水林、孙东林兄弟坚守承诺,被人们赞为"信义兄弟"。2010年9月,孙水林、孙东林兄弟入选"中国好人榜"。

原文

子曰："直哉史鱼①！邦有道，如矢；邦无道，如矢。君子哉蘧伯玉！邦有道，则仕；邦无道，则可卷而怀之②。"

注释

①史鱼：名䲡，字子鱼。卫国大夫。史鱼自以为生时不能做到进贤退不肖，死后继以尸谏，故人们赞扬他正直。

②卷而怀之：卷，收。这里指不参与政事。怀，藏。

纪老师说

史鱼和蘧伯玉都是卫国的大夫。

史鱼以耿直敢言、公正无私著称。据《韩诗外传》卷七记载：卫国大夫史鱼多次向卫灵公推荐贤大夫蘧伯玉，而卫灵公委以重任的是一位作风很不正派的弥子瑕。后来，史鱼病重，将儿子唤了过来，说："我在卫做官，却不能够进荐贤德的蘧伯玉而劝退弥子瑕，是我身为臣子没有能够扶正君王的过失啊！生前无法正君，那么死后也是不肖臣子。我死后不能在正堂停灵，放在卧室就已经很满足了。"

史鱼去世后，史鱼的儿子听从了父命，卫灵公前来吊丧时，见史鱼停灵在卧室，没有在正堂，因而责问史鱼的儿子。史鱼的儿子于是将史

鱼生前的遗命告诉了卫灵公。卫灵公听后说:"这是我的过失啊!"马上重用了蘧伯玉,辞退了弥子瑕,将史鱼的尸体按礼仪安放在正堂。

蘧伯玉,我们前面已经讲过他的事迹,他是一个富有自省精神的人,但他的性格与做法都与史鱼不一样。用《韩诗外传》的说法,他是"直己"而"不直人",严以律己,宽以待人。所以,政治清明就做官,政治黑暗就赋闲,能屈能伸,通达权变。

在孔子看来,两人都是贤臣,但蘧伯玉更合于"用之则行,舍之则藏"的君子之道,所以孔子感叹"君子哉蘧伯玉!"

原文

子曰："可与言而不与之言，失人；不可与言而与之言，失言。知者不失人，亦不失言。"

纪老师说

说话是一门艺术，可说的不说得罪人，不可说的说了会造成大错。

明白人都是当说就说，不当说不说，看对人，找准时机，该说则说。

历史上把握说话技巧的事例很多，范雎就是其中一个。

范雎历尽艰险来到秦国的都城咸阳。当时秦国的实权掌握在宣太后和她的兄弟穰侯魏冉手里。范雎给秦昭王上了道奏章，秦王约定日子，准备在离宫接见他。

范雎见到秦王后，不说话。

秦王跪下请教范雎说："先生拿什么来赐教寡人？"

范雎说："对，对。"过了一会儿，秦王再次请求，范雎说："对，对。"像这样有三次了。

秦王长跪着诚恳地说："我请先生来，是真心诚意地向您请教。

请先生不要忌讳什么,只管照直说。"秦王的这番话给范雎吃了颗定心丸,才给秦王提出了远交近攻的策略,受到秦王的重用。

有人问为什么范雎不直接说呢?主要是火候不到,说早了,秦王是不会重视的。

原文

子曰："志士仁人，无求生以害仁，有杀身以成仁。"

纪老师说

成语"杀身成仁"就语出此处。这是儒家道德的最高标准，指为正义而牺牲生命。后泛指为了维护正义事业而舍弃自己的生命。

2000多年来，它激励着多少仁人志士为国家和民族的生死存亡而抛头颅洒热血，谱写了一首首可歌可泣的壮丽诗篇。

吉鸿昌，1913年入冯玉祥部队，因骁勇善战，屡立战功，从士兵递升至军长。1932年秋在北平秘密加入中国共产党。

为实现抗日救国的誓愿，吉鸿昌组织起民众抗日同盟军，发表"外抗暴力，内除国贼"的声明，收复了大片土地。

1934年11月9日，国民党特务刺杀吉鸿昌未遂，乃将他逮捕。审讯时吉鸿昌正气凛然、义正词严地说："我抗日，是打鬼子、救中国！我早已把生死置之度外！"

行刑前，吉鸿昌以地作纸，枯枝为笔，写下了一首感天动地的绝命诗："恨不抗日死，留作今日羞。国破尚如此，我何惜此头！"然后喝令执行官："我为抗日而死，为革命而死，不能跪下挨枪，死后也不能倒下，给我拿把椅子来！"接着厉声说道"我为抗日而死，一生光明磊

纪连海谈 论语

落,不能在背后开枪!在我面前开枪!我吉鸿昌要亲眼看着你们是怎样把我打死的!"

然后他高呼:"中国共产党万岁!""抗日胜利万岁!"

在这震山撼岳的呼喊声中,英勇的共产党员、中华民族的英雄吉鸿昌壮烈牺牲了,年仅39岁。

原文

子贡问为仁。子曰:"工欲善①其事,必先利②其器。居是邦也,事其大夫之贤者,友③其士之仁者。"

注释

①善:做好。形容词活用作动词。

②利:磨锋利,形容词活用作动词。

③友:交朋友。名词活用作动词。

纪老师说

常言说得好:"磨刀不误砍柴工",工匠在做工前打磨好工具,操作起来得心应手,就能收到事半功倍的效果。孔子说成就仁的工具或者途径就是要侍奉贤者,结交仁者,这也正是《颜渊篇》里曾子说君子"以友辅仁"的道理。

"工欲善其事,必先利其器"这句话,在民间已为人们所熟知,比喻要做好一件事,准备工作非常重要。

1984年的东京国际马拉松邀请赛中,名不见经传的日本选手山田本一出人意料地夺得了世界冠军。当记者问他凭什么取得如此惊人的成绩时,他说了这么一句话:凭智慧战胜对手。

　　当时很多人认为这个偶然跑到前面的矮个子在故弄玄虚，马拉松是体力和耐力的运动，说凭借智慧取胜确实有点勉强。

　　两年后，意大利国际马拉松邀请赛上，他又一次获得了世界冠军。当记者问到他时，他仍然是上次那句话：用智慧战胜对手。这一次记者在报纸上没有再挖苦他，而是对他所谓的智慧迷惑不解。

　　10年后，这个谜终于被解开了，他在自传中是这么说的：每次比赛前，我都要把比赛线路仔细地看一遍，并把沿途比较醒目的标志画下来，一直到赛程终点。比赛开始后，我就以百米的速度奋力冲向第一个目标，到达后，我又以同样的速度向第二个目标冲去。就这样，40多公里的赛程，就被我分解成几个小目标轻松地跑完了。

原文

颜渊问为邦。子曰:"行夏之时,乘殷之辂①,服周之冕,乐则韶舞②。放郑声,远佞人。郑声淫,佞人殆③。"

注释

①辂(lù):此指车。

②舞:同"武",周武王时的一种音乐。

③殆(dài):危险。

纪老师说

治国之道在于实行尧舜禹夏商周的一些好做法,孔子用拼图形式提供了一种治理国家的模板,高屋建瓴地列举了四条治国方略,第一条强调夏历便于农事,后面三条则只关礼乐。

"夏之时",夏朝的历法,就是我们今天依然沿用的农历、阴历,传统节日都是以阴历计的,从一月到十二月,每三个月为一季,分别是春夏秋冬,种长收藏,非常适合黄河流域的农事,它由直接观察大自然的变化而来,贵在实用。

"郑声"究竟属于什么样的音乐?中原大发现中"郑韩故城"出土的郑国乐器在一定程度上回答了这个问题。郑韩故城中出土的编钟钮钟为10枚一套，每架二套，另配4件1套的镈钟，共24件，这样的配置在春秋中期以前是从来没有过的。郑国音乐在宫角徵羽基础上增加并固定了商音，使音域更宽广，编钟的演奏能够达到4个8度的音程，可以旋宫转调，演奏出声色优美的旋律。

《孟子·梁惠王下》齐宣王曰："寡人非能好先王之乐也，直好世俗之乐耳。"郑声作为当时流行音乐的代表，成为各国仿效的样板，其乐舞人才在列国也倍受青睐。

郑为殷商故地，其乐似是而非，靡曼幻眇，缺乏中正之气，所以，孔子说应远离这淫靡的音乐，疏远谗佞的小人。如果沉迷于这样的音乐，结交这样的朋友，是非麻烦就会接二连三地来。

林语堂大师关于理想生活的论述，也有老孔子的智慧，他说："世界大同的理想生活，就是住在英国的乡村，屋子里装着美国的水电煤气管子，请个中国厨子，娶个日本太太，再找个法国情人。"（大笑）

原文

子曰:"人无远虑,必有近忧。"

纪老师说

"人无远虑"和"必有近忧"是一对因果关系,今日的近忧是过去缺乏远虑的结果,今日的缺乏远虑又必定是日后近忧的原因。

未雨绸缪(móu),防患于未然,这一思想在中国可以说是源远流长。

《诗经·风·豳风·鸱鸮》说:"迨(dài)天之未阴雨,彻彼桑土,绸缪(móu)牖户。"翻译过来是:"趁着天气晴朗没有阴雨,赶紧剥取桑树根上的韧皮,缠缚修补好窗子和门户。"

为何要及早修葺房子的漏洞呢?因为他知道下雨时屋漏的窘境,那种临阵慌乱、手足无措的狼狈相记忆犹新。

周武王攻灭商朝后,还留下了纣王的儿子武庚没有杀掉。武王不放心,就派自己的三个叔叔管叔、蔡叔和霍叔对其进行监视,称为"三监"。

武王去世后,周成王继位,而武王的弟弟周公旦则总揽了政权。周公旦的摄政,引起了管叔等人的不满。他们便造谣说周公旦企图篡位。成王听到这些流言蜚语后,也产生了怀疑。周公旦为了避嫌,就离开镐

京，前往东都洛邑。

武庚不甘心商朝灭亡，想卷土重来。他见到周氏兄弟之间有矛盾，便派人勾结"三监"起兵反叛。

周公旦得知此事后，便写了一首诗《鸱》送给了成王，讲述了未雨绸缪的意思。诗的大意是："猫头鹰啊猫头鹰！你已夺走了我的儿子，不要再破坏我的家。趁着天还未下雨，我就忙着剥下桑根，抓紧修补好门窗。"诗中猫头鹰是指武庚，哀鸣的母鸟则是周公旦自己，反映了周公旦对国事的关切和忧虑。

后来，成王明白了周公旦的意思，便派人杀了武庚、管叔和霍叔，后蔡叔也死于流放途中。周王朝从此得以巩固。

原文

子曰:"已矣乎!吾未见好德如好色者也。"

纪老师说

据《史记·孔子世家》记载:"孔子居卫月余,灵公与夫人(南子)同车,宦者雍渠参乘出,使孔子为次乘,招摇市过之。"孔子因此而感叹。

纪连海谈 论语

原文

子曰:"臧文仲其窃位者与!知柳下惠之贤而不与立也。"

纪老师说

位高权重者,自己固然应做事,但更重要的是举任贤才,所以评价政治人物的高明与否,固然要看他自己的表现,但更重要的是看他选用了哪些人。

柳下惠是鲁国的贤明大夫,姓展名获,字子禽,因食邑柳下,谥惠,故人称柳下惠。

据《左传·僖公二十六年》记载,齐国出兵攻打鲁国,鲁僖公派展喜去"犒劳齐师",要他向柳下惠请教如何措辞。结果,展喜按照柳下惠所教,一番话说出,齐国就收兵了,达到了"不战而屈人之兵"的效果,柳下惠之贤可见一斑。

而大家最为熟悉的是柳下惠"坐怀不乱"的故事,传说柳下惠夜宿城郭门里,遇到一个没有住处的女子,怕她受冻,抱住她,用衣裹住,坐了一夜,没有发生非礼行为。这样看来,柳下惠应是德才兼备,这样的人不用,领导真是有毛病。

臧文仲是鲁国权臣臧孙氏,总理大事,权倾朝野,骄逸跋扈,却又忌贤妒能,不任用柳下惠。臧文仲就是那位为乌龟修建漂亮居所的鲁国卿大夫，孔子从来都不认为他是一个有智慧的人。

臧文仲与柳下惠同为鲁国大夫，臧文仲官居司寇之职，而柳下惠只是士师，属于臧的下属。因此，在孔子看来，当时掌权的臧文仲的"蔽贤"不举，是致使柳下惠"三黜"，长期处于下位，不得重用，甚至穷困潦倒的重要原因。

"大国三卿，皆命于天子。"如此重要的岗位，其中一个主要职责就是发现并任用贤能，但是臧文仲明知柳下惠有贤能，却不授予职位，属于没有知人善用，因此孔子说他是占着茅坑不拉屎——窃位。

纪连海谈 论语

原文

子曰："躬自厚①而薄责于人，则远怨矣。"

注释

①躬自厚：重责自己即严于律己。

纪老师说

这实际就是我们常说的"严以律己，宽以待人"的精神。凡事多作自我批评，这既是儒者的反躬自省功夫，也是我们今天仍然倡导的思想修养。

常言道：宽以待人，仁以相交。有时，给予人的些许善意，换来的却是不可估量的回报。

西汉名臣丙吉的车夫好喝酒，而且常无节制地纵饮，曾随他外出，醉后呕吐在丞相车上。

西曹主吏将此事报告给丙吉，要求将此人弃逐，丙吉却说："因为醉酒的过失就驱逐他，将使此人在何处容身？而他也只不过是弄脏了丞相车褥罢了。"所以，用自身名誉保下了车夫，车夫对此感激不已。

这个车夫恰巧是边郡人，十分熟悉边塞戒防之事。

有一次外出，他看见驿骑拿着代表发令书的赤白口袋奔驰而过，心中不觉蹊跷，经过打听才知道原来是外敌已入侵云中、代郡一带，战事迫在眉睫。

驾车人随即回府向丙吉报告情况，并提醒他道："恐怕外敌侵入边郡，二千石一级长吏有年老生病受不住兵马灾难的，应可预先看顾。"丙吉听后，召来东曹去察看各边郡防守状况。

还未察看完，当时在位的汉宣帝刘询下诏召见丞相、御史，拿敌人侵入边郡的情况质问他们，丙吉因能对答如流且给予了许多可行的应对意见，获得了宣帝的赞赏，而其他御史大夫却因听闻战事消息太过仓促而语塞，也因此遭到了责罚。

事后，丙吉感叹道："人没有不可容的，能各有长处。假如当时因小故驱逐了车夫的话，今日受罚之人就是我了。"

纪连海谈 论语

原文

子曰:"不曰'如之何,如之何'者,吾未如之何也已矣。"

纪老师说

对那些不说"怎么办,怎么办"的人,我也不知道该怎么办了。——孔子俏皮幽默,可爱得紧。

怎么办?古人有事问自己——三思;现在的人,外事问"百度",内事问媳妇,或者干脆发微博求助。

这句话的意思不过是告诫人们,做事要深思熟虑,多问问"怎么办",不要轻率莽撞,急躁冒进,否则,会造成失败,最终会害己害人,甚至祸国殃民。

萨尔浒之战是明清1619年打的一场战役。由于将领的轻敌和急躁冒进,被努尔哈赤大败,从此,明朝走向衰落。

兵力方面,明军有十一万人,后金这边有六万人,虽然后金都是精兵,但如果好好拼一拼,以兵力优势,说不定明朝还能赢。但咱们的大明朝摊上了一个喜欢玩套路,又玩得很糟糕的指挥官,此人叫杨镐。这厮居然分兵,把十一万大军分成四路,指挥官分别是马林、李如柏、杜松、刘铤。估计在杨镐眼里,这次战斗跟剿匪差不多,属于严重高估我方,严重低估敌方,不输才怪呢。

即便指挥官不行,但这时候的明军还是很有血气的,该打的时候绝对不怂。可在杨镐的指挥光环影响下,将士们也以为这次打仗很简单,于是杜松为了抢头功,带着六万精锐部队,孤军深入后金。然而之后他就发现不对了,因为他遇上了后金的全部军队,处于劣势的他,只能死战不休,最终战死沙场。

后金军队在努尔哈赤的带领下势如破竹,各个击破,大败明军的四路围剿,最终以少胜多,这次战役成为了明衰清盛的重要转折点。

原文

子曰:"群居终日,言不及义,好行小慧,难矣哉!"

纪老师说

社会到了世风日下的时候,人们失去精神上的追求,往往变得整体颓废,就开始犯这样的毛病。几个人在一起,讲起话来,没什么内容,无正事可谈,谈闲话,讲些不相干的八卦传闻,没有真正的人生观,只是混一天是一天,不知道人生的价值何在。另外,这些人喜欢使用小聪明,不顾任何人的利益,只维护自己的私利。

孟子说得更为尖刻:"人之有道也,饱食,暖衣,逸居而无教,则近于禽兽。"(《滕文公上》)

虽然语言的表达方式不同,一个是仁者叮咛,一个是智者雄辩,但两人所表达的思想却是一脉相承的,都是要求有所学,有所思,有所为的积极进取的人生态度,反对好吃懒做,消极无聊打发日子的人生观。

1953年,毛主席同中共中央农村工作部负责人谈话引用这两句话。他说:对于农村阵地,社会主义不去占领,资本主义就必然会去占领。"群居终日,言不及义,好行小惠,难矣哉"。"言不及义"就是言不及社会主义,不搞社会主义。在小农经济基础上搞农贷、发救济粮、减免税收、兴修水利、打井开渠、深密植、推广新式农具等,都只是行小惠。这些事跟总路线、社会主义联系起来,那就不同了。

在明末清初,顾炎武就引用这两句话批评明末的社会风气,他说南方的知识分子"群居终日,言不及义。"北方的知识分子"饱食终日,无所用心。"

原文

子曰:"君子义以为质,礼以行之,孙①以出之,信以成之。君子哉!"

注释

①孙(xùn):通"逊",恭顺,谦恭。

原文

子曰:"君子病①无能焉,不病人之不己知也。"

注释

①病:怕,担忧。

原文

子曰:"君子疾没世①而名不称焉。"

注释

①疾没世:疾,担心。没(mò)世,没同"殁",指死亡。

原文

子曰:"君子求诸己,小人求诸人。"

原文

子曰:"君子矜而不争,群而不党。"

原文

子曰:"君子不以①言举人,不以人废言。"

注释

①以:介词,表原因,可译为"因为"。下句的"以"用法相同。

纪老师说

什么是君子呢?孔子认为,君子应当注重义、礼、逊、信的道德准则,严格要求自己;尽可能做到立言立德立功的"三不朽",传名于后世;行为庄重,与人和谐,但不结党营私;不以言论重用人,也不因人废其言等。当然,这只是君子的部分特征。

按照《史记·孔子世家》的说法,孔子编撰《春秋》就是怕后人没有称颂他,而导致自己的学说不能推行的缘故。

《史记·孔子世家》云:"子曰:'弗乎弗乎,君子病没世而名不称焉。吾道不行矣,吾何以自见于后世哉?'乃因史记作春秋,上至隐公,下讫哀公十四年,十二公。"这段话大致意思是:"孔子说:'不成啊,不成啊!君子最担忧的就是死后没有留下好的名声。我的主张不能实行,我用什么贡献给社会留下好名呢?'于是就根据鲁国的史

纪连海谈 论语

书作了《春秋》，上起鲁隐公元年（前722），下止鲁哀公十四年（前481），共包括鲁国十二个国君。"

司马迁在《史记·伯夷列传》中引用孔子这段话，对于留名做了一番论证、分析。大意是这样的："君子感到痛心的是到死而名声不被大家所称颂。"贾谊说："贪得无厌的人为追求钱财而不惜一死，胸怀大志的人为追求名节而不惜一死，作威作福的人为追求权势而不惜一死，芸芸众生只顾惜自己的生命。"伯夷、叔齐虽然贤明，由于得到了孔子的赞扬，名声才更加响亮；颜渊虽然好学，由于追随孔子，品德的高尚才更加明显。那些居住在深山洞穴之中的隐士们，他们出仕与退隐也都很注重原则，有一定的时机，而他们的名字，由于没有圣人的表彰，就大都被埋没了，不被人们所传颂，真可悲啊！一个人，要想磨炼品行，成名成家，如果不依靠德高望重的贤人，怎么可能让自己的名声流传于后世呢？

其实，一个人的价值并不在其出身，而在于他谱写了什么样的人生履历，而名垂青史，靠的就是他自己的德行。

羊祜，字叔子，泰山南城人。他的家族世代出高官，在当地是有名的望族，史书中这样说：

"博学能属文，身长七尺三寸，美须眉，善谈论。"典型高富帅一枚，被称为西晋第一贤臣。

官府屡屡征辟，他就是不去。他生性孝顺，早年丧父，侍奉叔父非常周到。不久之后，他的母亲和兄长相继去世，羊祜更是绝了出仕的心，隐居遁世十余年。直到公元255年司马昭当国，他才出来做官。

司马炎称帝之后，出于灭吴的目的，委派羊祜为都督荆州诸军事、假节，开始了他在荆州的十年生涯。

羊祜在荆州期间，大力去除弊政，开办学校，开垦土地，发展民生，成果非常显著。在他刚来荆州时，军队储备的粮食连一百天都不够吃，但是到后来，积蓄的粮食可以吃十年，为灭吴提供了坚实的物质基础。

羊祜认为，灭吴不但在于储蓄物资，更在于争夺人心，于是他屡次向吴国百姓示好，凡是作战投降或是俘虏的吴人，是去是留都由他们自己决定。甚至于在作战时，羊祜都会预先和对方商议好时间，从不搞阴谋诡计；羊祜的军队经过吴国边境时，割取稻米以用作军粮，然而每次会用绢等值偿还。即使是打猎，羊祜也会告诫部下，不可越过边境线。这些做法充分获得了吴人的认可，吴国百姓一说起羊祜，都呼"羊公"，从不喊名字。

羊祜是西晋统治阶层里少有的德才兼备之人。他虽然出身士族，却没有当时士族的骄奢之气，为官谦逊，升官则辞，没有争权夺利之心，为人则勤俭，家无余财。他死后，晋武帝悲痛不已，眼泪流到胡须上都结成了冰；荆州百姓听到羊祜的死讯，都痛声哭泣，街巷之间的哭声连绵不断，连吴国人都为之垂泪。

南宋徐均诗中赞他："最是感人仁德厚，当时堕泪有遗碑。"

"人生自古谁无死，留取丹心照汗青。"被历史大书特书的旷世伟人都是经过艰苦卓绝的努力，做出巨大的个人牺牲，而后才功成名就的。孔子"知其不可而为之"，周游列国，讲学传教，结果畏于匡、困于蔡、厄于陈，"累累若丧家之犬"，后才被称为"至圣先师"。再如，司马迁因说真话而遭到宫刑，仍能忍辱负重，发愤著书，遂留下"史家之绝唱，无韵之离骚"的《史记》而百世流芳。

追求青史留名，这是中国士人的传统，实际上也是对实现个人价值的追求。

原文

子贡问曰:"有一言①而可以终身行之者乎?"子曰:"其'恕'②乎!己所不欲,勿施于人。"

注释

①一言:这里指一个字。

②恕:宽恕。孔子主张的"恕"道,就是要求人"己所不欲,勿施于人。"

纪老师说

据说,孔子有一句名言写进了联合国大厦,此名言为"己所不欲,勿施于人。"

"己所不欲,勿施于人"这是被称为儒家金规则的"恕"之道。这个"恕"不是今人所谓宽恕、饶恕的意思。

"恕"者,"如心"也,就是将心比心,推己及人。自己不想要的东西,不要去给予别人,或强加于人。这意味着在人际交往中我们要学会换位思考,设身处地为对方着想,理解至上,尊重他人、善待他人、宽待他人,我觉得这是对别人真诚的关怀和体贴。

17世纪末,第一批法国基督教传教士抵达中国,开始观察并了解中国。在他们看来，中国实行的是德治，这是中国有别于欧洲国家的一大特点。更多的法国思想家则认为，中国人的道德核心是孔子关于"仁"的论述。孔子及其学说被传教士介绍到法国之后，许多人大为震动，很快获得了普遍的崇敬和仰慕。颇有深意的是，法国1793年宪法所附《人权和公民权宣言》以及法国1795年宪法所附《人和公民的权利和义务宣言》都写入了孔子的名言"己所不欲，勿施于人"，就自由的道德界限和公民义务的原则进行了界定。

如果每个人都能够推己及人地去为人处世，去接人待物，那么什么事都会易如反掌，即使治理国家，大概也会如老子所说"治大国若烹小鲜"了。

原文

子曰："吾之于人也，谁毁谁誉①？如有所誉者，其有所试②矣。斯民也③，三代之所以直道而行也④。"

注释

①谁毁谁誉：这是两个小分句，因是疑问代词"谁"作宾语，故前置。誉，赞美，颂扬。

②试：试用，考验。

③斯民也：那些三代的老百姓（都能按"直道而行"）啊。这句语译时放在了后边。

④三代之所以直道而行也：三代，指夏、商、周三代。直道而行，遵循正道办事。

纪老师说

孔子是主张直道而行的，他说夏商周三代就是这么干的。这里的"直道"专指在对人进行评价时实事求是，该夸就夸，该骂则骂。

如何赞赏人，孔子的观点是必须像夏商周三代明君良臣所创造的制度那样，是经受得起时代考验的。至于如何毁人孔子没有说，但是，孔子是很有艺术性的，对于历史的评价，都写在《春秋》之中了。

人生在世，总免不了被人说短道长，毁之者有之，誉之者有之，你都必须面对。

孔斌是孔子的六世孙，德才兼备。魏王闻其贤明，以为他会像管仲一样成为名相，就派使者携带黄金绸缎聘请，期待称霸诸侯。

孔斌不为财宝所动，提条件说："如果魏王能相信我的治国之道，我可以效劳，吃蔬菜，喝清水，我也无怨无悔。如果是只让我穿上一身高贵的制服，提供丰厚的薪水，魏王不缺这样的人。"使者一再请求，孔斌便来到魏国任相国。

经过一段时间的观察，孔斌采用庸者下、能者上的原则，调整了干部队伍。孔斌觉得这还不够，又掀起一场声势浩大的反腐活动，提拔了一批德行高尚、能力出众的官员。一时间，魏国的吏治明显改善，百姓生活明显好转，大家都拍手叫好。那些失去职位的人不高兴，开始制造谣言。

孔斌的老朋友文咨把这些诽谤之言告诉了他。孔斌的心态非常平静，他苦笑了一下说："你不要去听那些诽谤谣言，这叫小人不可能与君子考虑国事，历史上由来已久！比方说，古代善于治理国家的人，开始都免不了被诽谤。子产到郑国做宰相，三年以后流言蜚语才停止。我的祖先孔子在鲁国为相，也是三个月以后诽谤才终止。如今我所执行的政策虽然让国家日新月异，但是还没有赶上前代圣贤，在没有比较之前，怎能知道这些人是诽谤呢？"

清代政治家叫陈宏谋说过："是非审之于己，毁誉听之于人，成败安之于数。"说我好我也不高兴，说我不好我也不会不高兴。经历是是非非，一切都归于平平淡淡。

原文

子曰:"吾犹及史之阙文①也。有马者借人乘之②,今亡③矣夫!"

注释

①阙文:没有字的空缺之处。这些地方都是存疑之处。阙,通"缺"。

②有马者借人乘之:这句话和前一句有什么关系很难理解,可能是错简所致。

③亡:通"无",没有。

纪老师说

朱熹说此章不可解。阙文,模糊错失的字迹,在书写工具简陋的古代这种情况很常见,负责任的史官遇上这种情况就让它空着,这是一种尊重历史的做法,接受不完美。

问题在于这种情况跟把马借给别人骑之间有什么关联?

"史阙文""马借人"两事不相关连,异解纷呈,多不可信。

原文

子曰:"巧言乱德。小不忍,则乱大谋①。"

注释

①大谋:大的谋划。这里指大事情。

纪老师说

巧言乱德也就是《学而》篇里所说的"巧言乱德,鲜矣仁。"

"小不忍,则乱大谋"却很有些阴谋哲学的味道,其核心就是一个"忍"字,所谓"心字头上一把刀,遇事能忍祸自消。"所谓"忍得一时之气,免却百日之忧。"

"小不忍则乱大谋"为后世人所熟悉,并被广泛应用于各个方面。人们据此总结了一些更通俗的处世格言,如"因小失大""君子报仇,十年不晚"等。

三国时期的诸葛亮污辱司马懿的故事也是人人皆知。诸葛亮六出祁山时驻扎五丈原,司马懿深知自己的韬略不如诸葛亮,而采取拖延战术,久不出兵。诸葛亮派人向司马懿送去一套女人服装,并递信说:

纪连海谈 论语

"你如果不敢出战,便应恭敬地跪拜接受投降;如果你羞耻之心还没有泯灭,还有点男子气概,便立即批回,定期作战。"司马懿的左右看后,非常气愤,纷纷请战,但司马懿却坚守不战。不久诸葛亮因积劳成疾而死,司马懿没伤一兵一将,不战而胜。

原文

子曰："众恶之，必察焉；众好之，必察焉。"

纪老师说

这是孔子讲识才的方法。

为什么众恶、众好，都要"必察焉"？

怕的是这人特行独立，高风亮节而遭人毁谤，如那些"有争议的干部"。所以应当考察他的工作实绩，而不应仅仅以"众恶之"为依据；又怕的是那人党同阿比，虽得众人称赞但实际上并无德行，是一个你好我好大家好的乡原先生，所以也应仔细考察。

在《史记》当中就有这样的记载：

齐威王一开始即位的时候，九年之间诸侯都来讨伐他。然后他就忙于这些战事，对百姓就很难照顾好，他自己也很苦恼。

但是他还是很冷静地处理政事，也没有因此心浮气躁。他在找原因，找出来后，就召来了即墨的大夫，即墨在齐国的东边。他召来即墨大夫就跟他讲："从你到即墨去治理，每一天我都听到毁谤你的话。我于是派人到即墨去实际调查，发现一些荒田都开垦得非常好，老百姓都生活无忧。公家的事你都没有积累，都把它办妥了，所以整个即墨一带非常安宁。那我为什么还是每天听到人家毁谤你？是你没有讨好我左右的人，以求取升官的机会。"然后，齐威王立马封即墨大夫食邑万户，也就是他的薪水是享万户的薪水，这是很高的俸禄了。你看，齐威王多明智！

另外他又召了阿地的大夫，然后就告诉这个阿地的大夫说："从你去守阿地，称赞你的话每天都涌到我的耳朵里来。我于是派人到阿地去寻查，结果看到阿地的田地都荒掉了，人民生活都非常贫穷困苦。赵国都打到我们国土鄄地了，可你根本就不管；卫国都取到薛陵了，你也能坐视不理。而你只是拿着钱财，谄媚我左右的人，他们都来帮你讲好话。"他讲完以后，当天就把这个阿地大夫处以烹刑，把他煮掉了。而且所有曾经讲他好话、收他的贿赂的，全部一起煮掉了。

不久，齐威王就带着军队，从西边打退了赵军、卫军。此时，齐国上下都很震撼，每一个人都不敢掩过饰非，因此都尽心尽力尽自己的本分，结果齐国就大治了。

诸侯各国了解到这个情况，再也不敢轻易对齐国动兵了，再不敢欺负齐威王了，因为他的国家团结了，有足够的力量一致对外。

> 原文

子曰："人能弘道，非道弘人。"

> 纪老师说 •••

道是客观真理，是没有主观意识的，因此道不可能主动地去要求人们发扬光大它，而人是具有意识的，具有主观能动性，因此人应该努力地去学习道、发扬光大道，以完成修齐治平的重任。

"人能弘道"，就是人必须首先修养自身，把道发扬光大，如二十四孝故事，不管是古代版的还是现代版的，都是人用故事来感动人的，是把孝道发挥到极致的表现，这是正能量。人要不断地探索道的规律，使其成为人们的精神支柱，成为社会秩序的规范。

助人为乐，是一种积极的精神，雷锋把它发扬光大了，雷锋的故事不也是鼓舞了一代又一代人吗？

孔子说"非道弘人"，不是道使人名扬天下。朱熹说："若道能弘人，则人人尽成君子，世世尽是治平，学不必讲，德不必修，坐待道弘矣。"

洪秀全是一个典型，儒学之于他不过是升官发财的工具，他并未悟得儒学"天人合一"的人生真理，并未认识到"弘道"的中华文明的

强大力量，因此多次科举落第之后，竟跪拜在"上帝"的脚下，扯起反清、反孔的大旗。当他丢弃了辉煌数千年、慰藉中华民族心灵数千年的文明精神时，却不曾料想，曾国藩举起捍卫儒学的大旗，便顺其自然地合众人之力消灭了他。

原文

子曰:"过①而不改,是谓过矣。"

注释

①过:犯错误,名词活用作动词。下句的"过"为名词,错误。

纪老师说 ● ● ●

《韩诗外传》卷三还引了孔子的另一句话,凑在一起刚好是从正反两方面来谈同一个问题:"过而不改,是谓过矣;过而改之,是不过也。"说来也是,人非圣贤,孰能无过?问题在于,有了过错怎么办?正确的态度当然应该像孔子反复说过的"过则勿惮改。"不要怕改正错误。

《左传·襄公七年》载:

卫国的孙文子受国君委派到鲁国去访问,鲁襄公登一级台阶,孙文子也登一级台阶。

鲁国叔孙穆子有礼地告诉孙文子说:"各国诸侯聚会时,即使卫君亲自到来,也得走在鲁君的后边,何况先生您请先生稍慢一点。"孙文子没有说话,也没有悔改的神色。

纪连海谈 论语

  叔孙穆子退下去后告诉别人说:"孙文子必然会灭亡。作为臣子就应该走在国君的后面,而他有了过错而不悔改,这就是灭亡的根源。"

  老百姓说"狗改不了吃屎",我们不吃屎,因为我们不是狗,因此,有错一定要改。

原文

子曰:"吾尝终日不食,终夜不寝,以^①思,无益,不如学也。"

注释

①以:连词,表示目的。可译为"来"或"以便"。

纪老师说

《荀子·劝学》的名言:"吾尝终日而思矣,不如须臾之所学也。"这正是孔子语录的转述。

贾谊《新书·修政语》说:"学如太阳,思如火。思而不学,好比放弃太阳的光辉而升火照明,可以小见,不可以大知。"

聪明人怎么会放弃太阳的光辉呢?

陈章良,1961年出生。他于1987年在美国华盛顿大学获得博士学位。是国际上首批成功地将大豆储藏蛋白的基因转入茄科植物中的科学家之一,并因此获得联合国教科文组织授予的有"小诺贝尔奖"之称的"贾乌德·侯赛因"青年科学家奖。

陈章良29岁时被北京大学聘为教授,为当时国内最年轻的教授之一。后历任北京大学生物系主任、生命科学院院长、北京大学副校长。

纪连海谈 论语

陈章良出生于福建省福清县一个紧傍着大海的小渔村。他说："我小时候常常和弟弟去海里捞点鱼儿卖掉补贴家用。到了9岁的时候，村里人都说我，太大了，还不读书，太不像话。这才开始读一年级。""我是那所中学里边第一个考上大学的。1978年7月，我们100多人坐着大卡车，到很远的地方去参加高考。"

考试成绩公布后，陈章良在全乡100多个考生中成了唯一的中榜者——他考上了海南岛华南热带作物学院栽培系。事实上那个时候的窘况实在不可思议：陈章良一边读书一边还得劳动；寒暑假得下海摸鱼捉虾卖几个钱作学费和买灯油；晚上便在煤油灯下苦读。

陈曾在接受采访时说："恢复高考，第一是改变了我们这些人的命运，改变了一个国家的命运，但重要的是，国家给我们提供了太好的机遇；第二是我们能够踏进大学校园，梦里面都没有想过，小时候真的一点都没想过，终于明白了，自己是个有用的人，自己明白自己今后有前途，而且为自己的家庭、为自己的爸爸、妈妈，为自己的学校好像争了一份光荣，所以非常珍惜，记得生活就是'三点式'的：图书馆、教室、宿舍，每天就是这三点，一直在读书。"

原文

子曰:"君子谋道不谋食。耕也,馁在其中矣①;学也,禄在其中矣。君子忧道不忧贫。"

注释

①馁(něi):饥饿。在其中:指在耕田中。下面的"其"指代"学"。孔子主张君子应该把眼光、精力放在学习、推行仁道上。

纪老师说

不谋衣食并不是真的不要衣食,而是通过谋道而水到渠成地获得衣食。

很喜欢"学,禄在其中矣"这句话,我们把这话翻译成今天的话,就是常说的"书中自有黄金屋。"

在《子路篇》里,我们已看到学生樊迟问孔子学耕田种地而被孔子骂了个狗血淋头,这里又从正面来阐述了"君子谋道不谋食"的道理。

其实,从社会分工的角度来看,孔子的话的确有一定的道理。以我们今天的情形而论,很多读书人,包括大学教授和搞文化工作的专家、高级知识分子,就是不如一个拉人力车的或种蔬菜的菜农收入高,更不用说和做生意的个体户相比了。但我们的大学教授和专家学者是不是要为了"谋食"而放弃教学和科研呢？毕竟有社会分工的不同，所从事的职业的性质不同，从这个意义上说，"君子谋道不谋食"还包含着一种敬业精神。

哲学家罗素曾发出这样的惊叹："自孔子以来，埃及、巴比伦、波斯、马其顿，包括罗马的帝国，都消亡了；但是中国却以持续的进化生存下来了。"因为中国从来就不缺乏忧道不忧贫的仁人志士，比如"山中宰相"陶弘景。

陶弘景中年辞官修道，来到茅山筑馆居住，自号为"华阳隐居"。他舍弃了荣华富贵甘于山间生活，但他放下的只是官位，却不是天下。当朝皇帝就经常问政于他，史书上称梁武帝对陶弘景是"书问不绝，冠盖相望。"

梁武帝仰慕陶弘景之才，几次想请他出山做官，但陶弘景坚持不出，逼急了，他就画了两头牛给梁武帝：一头在水草间自由自在，另一头牛虽然身有金饰，但是有人执鞭驱赶。武帝一看就不再有招徕的意思，但军国大事仍派人咨询，"山中宰相"的名声不胫而走。

陶弘景生活的时代，医药本草著作版本繁多，标准不一，临床运用极为不便，于是他"苞综诸经，研括烦省"，整理校订成为《神农本草经》《名医别录》和《本草经集注》，成为我国本草学发展史上的一个里程碑。而且他自采草药为穷人治病，经常不取分文。百姓感其恩德，在他住过的地方——陶山，至今仍流传着"六朝霸业成逝水，千古名山犹姓陶"的传奇。

原文

子曰:"知及之①,仁不能守之,虽得之,必失之;知及之,仁能守之,不庄以莅之,则民不敬;知及之,仁能守之,庄以莅之②,动之不以礼,未善也。"

注释

①知及之:知,同"智"。这个"知"和下句的"仁",都在句中作状语,表示凭借,依靠。之,泛指,无定代词。

②庄以莅之:庄以,即"以庄",用严肃的态度。介词宾语由于强调而前置。莅,到,临。这里指任职,在位。

纪老师说

孔子告诉我们,成功不仅要有足够的智力,足够的仁德,而且还要有庄重的态度,并依礼而行,否则都不行——小到个人的事业,中到官职禄位,大到王位、政权,概莫能外。

既得之又失之的事例太多了,不胜枚举。智不及之,还有可原,如果辛辛苦苦得到了,却因为自己不能以仁德守护它而失去了,岂不可惜?正所谓打江山容易坐江山难!

商纣,是仁不能守之的典型。纣王年轻时本是很有作为的一位君王,武艺超群,智慧高明,可是,中年以后,犯了骄傲病,残暴无比,放纵私欲,为所欲为而不行正道,毫无仁德,以致天怒人怨,被天下人称为独夫、民贼,武王伐纣被天下人称之为诛独夫。纣王终因自己的毫无仁德招致天谴国亡。

唐朝末年的著名农民起义军领袖黄巢,凭借着自己的聪明才智撼动了大唐江山的根基,甚至攻取了唐朝首都——长安,自己做了几天皇帝。终因不能用仁德守护自己的功绩,而采用血腥、残暴的手段治军、治国,最终导致身首异处。

靠智慧而取得是较容易的,但要保持就很难了。一般性地保持也还可以做到,要进一步用庄严的态度去治理,用理法去约束、指挥,那就更难了。因为这已不是消极被动地守成,而是积极主动地建树,是以攻为守了。

智、仁、庄、礼,是四个层次的修养和要求,四个层次做到才能达到完善的地步。仁义可辅助智谋,礼仪能表现庄重。

原文

子曰:"君子不可小知而可大受也①,小人不可大受而可小知也。"

注释

①小知:小作为。也即做些小事情。大受:接受、承受重大任务。

纪老师说

这还是一个大智慧与小聪明的问题。识人用人,尤其是领导者选拔人才,要知人善任,不可不注意这方面的问题。

《宋史·吕端传》载:宋太宗打算任命吕端为宰相,有大臣上奏说"吕端为人糊涂"。列举他在与人相处和家庭生活方面的几件事情。宋太宗闻言曰:"吕端小事糊涂,大事不糊涂。"决意提拔吕端为相。

吕端在小事上的确有些糊涂。他为官清廉,不但不贪污受贿,就连亲朋好友在年节之时表示心意的礼物,他也常婉言谢拒。他不仅拒绝"灰色"收入,就连他自己应得的那份俸禄,也经常拿出来周济别人,有时成了"月光族",家中也无存银自己浑然不知,还答应资助生活困难的下属,弄得入不敷出,家徒四壁。以至于吕端去世之后,他的两个儿子竟因家穷而没钱结婚,最后他们只好把房产作抵押才没打光棍。

但在事关原则是非、社稷安危，朝廷大政方针等大事上，他却异常清醒。

宋太宗得了重病，立宋真宗为皇太子，吕端每天都伴太子到太宗病榻前问安。太宗病危时，内侍王继恩担心有才干的太子继位会妨碍自己专权，就跟参知政事李昌龄、殿前都指挥使李继勋、知制诰胡旦等密谋立楚王元佐为帝。太宗驾崩，李皇后让王继恩去召见吕端。吕端觉察其奸，当即将王继恩锁在阁内，自己前往皇宫去说服李皇后奉真宗即位。太子继位，垂帘召见群臣。吕端站在殿下不拜。他请人打开帘子，并登殿看清楚确实是原先的太子之后，才退殿率领群臣下拜。

何谓"小事"，何谓"大事"，聪明人一看便知。只有在大事上清醒的人，才可能谋大局、办大事、担大任。领导在用人之时，也当把在大事上不糊涂的"吕端们"委以重任。

原文

子曰:"民之于仁也,甚于水火①。水火,吾见蹈②而死者矣,未见蹈仁而死者也。"

注释

①甚于水火:比对水火更需要。于,介词,表比较。
②蹈:蹈践。

纪老师说

水与火满足的是人类最基本的物质生活需要,而仁满足的却是人类精神生活的需要。一般人讲到仁慈就怕得很,生怕吃亏,于是孔子就讲了一句幽默话,说没有看到谁跳进仁里被烧死淹死的。实则指人们不愿追求仁德。

春秋战国时代,追求仁德的仁人志士可谓凤毛麟角。据《左传》记载:当时晋国君晋灵公,荒淫暴虐,厚敛于民,广兴土木,晋国民怨沸腾。宰相赵盾屡屡进谏劝灵公改正,灵公全然不听,反有厌恶之意。

公元前607年,灵公宠任的一位大夫屠岸贾献计加害赵盾,曰:"臣有客鉏麑者,家贫,臣常接济之,其感臣之惠,愿效死力,可使行刺相国!"

是夜,灵公和屠岸贾密召鉏麑,赐酒食,告之曰:"赵盾专权欺主,今使汝往刺,不可误事。"

鉏麑领命后潜伏赵府左右。五更,见重门洞开,鉏麑进中门,看到堂上灯光影影,赵盾朝衣朝冠,垂绅正笏,端然于堂上坐以待旦上朝。鉏麑大惊,退出门外,叹曰:"恭敬如此,忠义之臣也!刺杀忠臣,则为不义;受君命而弃之,则为不信。不信不义,何以立于天地之间哉?"乃呼于门曰:"我,鉏麑也,宁违君命,不忍杀忠臣,我今自杀!恐有后来者,相国谨防之!"言罢,向门前一株大槐一头触去,脑浆迸裂而死。时惊动了守门人,报知赵盾,赵盾叹息不已,吩咐暂将鉏麑浅埋于槐树之侧。

为了保护忠臣、成全仁义,鉏麑毅然选择了自尽,真称得上是一位名副其实的"蹈仁而死者"的义士。

> 原文

子曰:"当仁,不让于师。"

> 纪老师说

希腊哲学家亚里士多德说:"吾爱吾师,吾更爱真理。"孔子说:"当仁,不让于师。"两者相较,何其相似。

维护好师生间的和谐关系固然重要,对仁德正义的维护显然更为重要。

有人听过王阳明讲学,又听过王银讲《论语》,发现后者的观点与前者很雷同。他告诉王银这件事,王银说:"有这等巧事!虽然王公论良知,我讲格物,岂非老天爷的安排?"

于是他立即动身,连夜乘船奔武昌,要去会一会这个王阳明。谁知初来乍到,一番辩论,王阳明给了他个下马威,他不得不认师称徒。王阳明扶起王银,因嫌他的名字太俗气,于是更名为王艮。

王艮退而思之,间有不合,不觉后悔自己执业阳明的决定太轻率。翌日清晨,他早早起来拜过阳明,直言不讳地说明后悔一事。阳明一听,称赞说:"好啊,你不是轻信盲从的人。"吃罢早饭,王阳明让王艮复主座如昨,又一次展开辩论。久之,王艮才心悦诚服,复执弟子礼。王阳明抹了抹额头的冷汗,对诸门人说:"往日我擒朱宸濠,一无所动,今天却为

这个人撼动。他是真正的学者、圣人,有疑则疑,获信则信,一丝不苟,你们都不如他。"

王艮争与不争,服与不服,拜与不拜,标准只在仁心与义理,并不受表面形式的约束。王阳明能作王艮之师,同样因为内里境界的超拔,而非外强中干的声色。

原文

子曰:"君子贞①而不谅。"

注释

①贞:正。这里指言行固守正道。谅:信,守信用。

纪老师说

怎样才是"正直而不拘于小信"呢?

孔子对管仲的评价就是"贞而不谅",也就是"正直而不拘于小信",如果管仲真的为公子小白死了,就没有后来的齐国称霸了。真正的"君子贞而不谅",是在大是大非面前不拘泥于小信,是自己内心的取舍。

总之,要做到具体问题具体分析。"大行不顾细谨,大礼不辞小让",也就是做大事的人不拘泥于小节,有大礼节的人不责备小的过错。

孟子继承了孔子的观点。他说:"大人者,言不必信,行不必果,惟义所在。"(《孟子·离娄下》)大义是:有德行的人,说话不一定句句守信,办事不一定件件落实,一切只按义的标准去衡量。

考察一个历史人物的经历,可有助于理解孔孟的观点,此人即大名

鼎鼎的魏征。魏征起初做道士,后来投靠李密,再后来降唐,为太子李建成部属,玄武门之变后又归顺李世民。千余年来,无人认为魏征不守信用。魏征胸怀治理天下的大志,顺应历史潮流,择良木而栖,正体现了他的大义。

原文

子曰："事君，敬其事而后其食。"

纪老师说

诸位，看清楚，是"事君"而非"侍君"，即在君主领导下工作，而不是侍奉、伺候他。要把工作放在第一位，俸禄放在第二位。否则就可能导致吃人家的嘴软，拿人家的手短，因贪恋俸禄而放弃原则。

旧时代事君如此，新社会换成为人民服务，做人民的公仆更应该如此。先认真工作，然后再说工资和享受待遇的问题

一个人能不能"敬其事"，我们看一点就可以了，看他做事是否能主动把事情做好，即使自己受到损失也不放弃。

宋朝宰相赵普就非常爱岗敬业。有一次赵普推荐某人做官，宋太祖不答应。赵普知道宋太祖不喜欢这个人，但这个人非常适合这个职位。所以第二天，赵普又上奏章推荐这个人，宋太祖还是不答应。第三天赵普又上奏章推荐，宋太祖这下忍不住了，宋太祖大发雷霆，把奏折撕碎扔在地上，赵普面不改色地跪着，把这些碎片拾起来，带回去。过了些天他把撕碎的奏折粘好，又带上朝去推荐。宋太祖终于醒悟了，任用了这个人。后来这个人在任期间做出了出色的成绩。

纪连海谈 论语

原文

子曰:"有教无类。"

纪老师说

孔门弟子3000人,富有如冉有、子贡,贫穷如颜渊,贵族子弟如孟懿子,卑贱出身如仲弓,勤奋刻苦的如颜渊,懒惰贪睡如宰予,都成了孔门的弟子,并无贵贱亲疏的区别。

南郭惠子曾问子贡说:"孔子之门何其杂也?"子贡回答说:"君子正身以俟,欲来者不拒,欲去者不止。且夫良医之门多病人,隐栝之侧多枉木,是以杂也。"孔子确实做到了"有教无类"。

孔子自己说:"自行束修以上,吾未尝无诲焉。"孔子对学生的要求就是一捆风干的肉。

这里的"类",一般理解为类别、种群,是说孔子不刻意选择教育对象,大家都有受教育的机会。

我们九年制义务教育强调受教育的年限,孔门的"义务教育"则连年限也不讲。

原文

子曰:"道不同,不相为谋。"

纪老师说

所谓"人各有志,不能强勉"。又所谓"燕雀安知鸿鹄之志哉"!其实都是"道不同,不相为谋"的意思。

《世说新语》中有这么一则故事:管宁和华歆是一对非常要好的朋友。他们同桌吃饭、同榻读书、同床睡觉,成天形影不离。

有一次,他们在田里锄草。管宁挖到了一锭金子,但他对此没有理会,继续锄他的草。华歆得知后,丢下锄头奔了过来,拾起金子摸来摸去,爱不释手。管宁见状,一边干活,一边责备他:"钱财应该靠自己的辛勤劳动获得,一个有道德的人,不可以贪图不劳而获的财物。"华歆听了,不情愿地丢下金子回去干活,但不住地唉声叹气。管宁见他这个样子,不再说什么,只是暗暗地摇头。

又一次,他们两人坐在一张席子上读书。这时一个大官在窗外经过,敲锣打鼓,前呼后拥,威风凛凛。管宁对外面的喧闹充耳不闻,好像什么都没发生一样。华歆却被这种排场吸引住了,他嫌在屋里看不清楚,干脆连书也不读了,急急忙忙跑到街上去看热闹。

管宁目睹了华歆的所作所为,再也抑制不住心中的失望。等到华歆

纪连海谈 论语

回来后,就当着他的面,把席子割成两半,痛心地宣布:"我们的志向和情趣太不一样了。从今以后,我们就像这割开的草席一样,再也不是朋友!"这即是历史上著名的"管宁割席"。

志同道合,方能成就大事业。思想目的不同,没有办法共谋大事,只好各走各的路吧。

原文

子曰："辞达而已矣。"

纪老师说

孔子对言辞的标准是表情达意即可，反对雕琢浮饰、巧言令色。

关于如何达意，外交部发言人吴建民认为，面对提问的尖锐问题就需要发言人的水平，"发言人不是一个口才的问题。"他说，"发言人要有三方面的能力。一是知识，对中央政策的理解、知道国家的最大利益是什么，世界对中国的主要看法是什么，二是逻辑、言之成理，三是表达，不是说用很多古文，句子很华丽，最有穿透力的是简单易懂，能够找到这些话来表达。"

五四时期，胡适积极倡导白话文运动。一次，胡适在北大讲课，有位同学站起来责难道："胡先生，难道说白话文就没有丝毫的缺点吗？"胡适微笑着回答："没有的。"那位同学反驳道："肯定是有的。白话文语言不精练，打电报用字多，花钱多。"

胡适依旧柔声细气地说："不一定吧！前几天行政院有位朋友给我打来电报，邀我去做行政院秘书，我不愿从政，为这件事我复电拒绝。复电是用白话文写的，看来也很省字省钱。同学们如有兴趣，可根据我不愿意从政的意愿，用文言文编写一则复电，咱们比较一下，看看是白

话文省字，还是文言文省字。"

十分钟后，大家挑选出一份用字最少、表意完整的文言文电稿，其内容是：才疏学浅，恐难胜任，不堪从命。胡适不无幽默地说："这份复电写得确实简练，仅用了12个字，但我的白话电报却只用了5个字：干不了，谢谢！"

随后，胡适解释说："'干不了'即含有才疏学浅，恐难胜任之意；'谢谢'则既含有对友人费心介绍的感谢之情，又有暗示拒绝从政之意。可见，语言的精练与否，不在白话文与文言文的差别。"

听了这番精辟阐述，那些对白话文反感的同学大受启发，逐渐转变了以前的看法。

原文

师冕①见，及阶，子曰："阶也。"及席，子曰："席也。"皆坐，子告之曰："某在斯，某在斯。"师冕出。子张问曰："与师言之道与②？"子曰："然，固相③师之道也。"

注释

①师冕：乐师，冕是他的名字。上古一般人无姓氏，名字前可加上他的职业。

②师言之道与：师，乐师。因古代乐师多是盲人，故这里泛指盲人。道，这里指方式，方法。

③相：帮助。

纪老师说

此章记录了孔子接人待物的场景，非常具体、生动。孔子的言谈举止显示出对盲人乐师的尊重、温和、细心和体贴。

盲乐师冕来见孔子，孔子亲自迎接并导引他进屋。走到台阶边上，孔子说："这是台阶。"走到坐席边上，孔子说："这是坐席。"等大家都坐下来，孔子又跟他解说每个人坐的方位："某某在这里，某某在这里。"师冕走之后，子张问老师："师冕一个盲人，老师对他照顾这

么周到,这里面也有道吗?"孔子回答说:"是的,这就是接待盲人的方式。盲人需要人扶助、导引,随时告诉他周围的人、物、事。"

这里我们可以看到孔子的修养,就是心里随时都装着别人,对别人无微不至地关心体贴,此则论语后来被人演绎为"相师之道"。

我国自古就有尊敬老师的优良传统。

汉明帝刘庄做太子时,博士桓荣是他的老师,后来他继位做了皇帝,"犹尊桓荣以师礼"。他曾亲自到太常府去,让桓荣坐东面,设置几杖,像当年讲学一样,聆听老师的指教。他还将朝中百官和桓荣教过的学生数百人召到太常府,向桓荣行弟子礼。

桓荣生病,明帝就派人专程慰问,甚至亲自登门看望,每次探望老师,明帝都是一进街口便下车步行前往,以表尊敬。进门后,往往拉着老师枯瘦的手,默默垂泪,良久乃去。当朝皇帝见桓荣如此,所以"诸候、将军、大夫问疾者,不敢复乘车到门,皆拜床下"。

桓荣去世时,明帝还换了衣服,亲自临丧送葬,并将其子女做了妥善安排。

季氏篇

原文

季氏将伐颛臾①。冉有、季路见于孔子曰:"季氏将有事于颛臾。"

孔子曰:"求,无乃②尔是过与!夫颛臾,昔者先王以为东蒙主③,且在邦域之中④矣。是社稷之臣⑤也,何以伐为?"

冉有曰:"孔子⑥欲之,吾二臣者皆不欲也。"

孔子曰:"求!周任⑦有言曰:'陈力就列⑧,不能者止⑨。'危而不持,颠⑩而不扶,则将焉用彼相⑪矣?且尔言过矣,虎兕出于柙⑫,龟玉毁于椟中,是谁之过与?"

冉有曰:"今夫颛臾,固而近于费⑬,今不取,后世必为子孙忧⑭。"

孔子曰:"求!君子疾夫舍曰'欲之'而必为之辞⑮。丘也闻,有国有家者,不患寡而患不均,不患贫而患不安⑯。盖均无贫,和无寡,安无倾⑰。夫如是,故远人不服,则修文德以来之⑱,既来之,则安之。今由与求也,相孔子,远人不服而不能来也;邦分崩离析而不能守也;而谋动干戈⑲于邦内,吾恐季孙之忧,不在颛臾,而在萧墙之内也⑳。"

注释

①颛臾：鲁国的附庸国，在今山东费县东北。

②无乃：恐怕。猜测性语气。

③东蒙主：主持祭祀东蒙山的人。

④邦域之中：在鲁国国境之内。

⑤社稷之臣：与国家共存亡的大臣。

⑥孔子：指季孙氏。

⑦周任：古代史官。

⑧陈力就列：陈力，尽自己的力量。就列，进入朝臣行列。指担任职务。

⑨止：停止。指辞职。

⑩颠：跌倒。

⑪彼相：哪个助手。

⑫虎兕出于柙：兕，雌的犀牛。柙，关猛兽的木笼。

⑬固而近于费：固，坚固。费，费邑。季孙氏的采邑，在今山东费县。

⑭忧：祸害。

⑮疾：厌恨。舍曰：不说。辞：借口。

⑯不安：不安定。

⑰倾：倾覆。

⑱远人：远方的人。来：招致。

⑲干戈：武力。

⑳萧墙之内：萧墙，鲁国国君在宫门内所设立的屏风。这里借指以季孙氏为代表的贵族集团。后世把"萧墙之内"作为内部发生祸乱的代称。

纪老师说

战争就像人类的影子，荀子说有人就有欲望，欲望没有止境，所以只能通过战争解决。有人统计从公元前2070年至公元1911年中国历史上共发生战争3801次，摊开来差不多是每年一次。孔子活了73岁，战争发生了110起。

孔子或者说儒家反对非正义的战争，比如季氏伐颛臾。

于是，在季氏准备征伐颛臾时，孔子向在季氏家做事的学生发表了一次谈话，谈话内容有三个要点：

第一，颛臾不该伐。因为它是先王分封的国家，负责东蒙山的祭祀，"不能五十里，不达于天子，附于诸侯，曰附庸。"作为鲁国附庸的颛臾，它对鲁国没有任何威胁。

第二，子路、冉有表面上不作为，其实是乱作为。冉有先是把责任往主家身上推，孔子斥之为不作为，并引用周任的话说，一个人应该量力而行，不能胜任就该主动让贤；野兽从围栏里跑出来伤人不能怪围栏，龟甲珠玉烂在盒子里也不能怨盒子。

学生被逼说出了心里话，季氏伐颛臾的真正原因是怕将来鲁君对付季氏的时候借助颛臾的力量。

这让孔子怒不可遏，他最不能容忍的就是口是心非，心里明明是这样想的，偏偏要另外找一些说辞。明明是自己要去侵略、消灭人家，却找借口说是因为人家对自己构成威胁。这正如20世纪日本军国主义者侵略中国，却说成是要搞"大东亚共荣圈"一样。

于是孔子尖锐地指出了季氏真正应该担心的事情：

第三，"吾恐季孙之忧，不在颛臾，而在萧墙之内也。"实际上是说的均贫富、讲稳定、求发展的治国方略，既包括内政也包括外交，既

涉及经济也涉及政治。

据史载,孔子时代,鲁国在不到30年内,曾发生两次卿大夫瓜分宗室的重大事件。第一次将鲁国一分为三,季孙氏、孟孙氏、叔孙氏三家各得一份;第二次是一分为四,季孙氏得两份,其他各得一份。

这段文字所说的季氏,就是季孙氏。当时季孙氏力量强大,长期把持着鲁国的朝政。他一方面大肆搜刮老百姓,另一方面自己组织军队向外扩张。季孙氏的后裔在费,那个地方,西北有个小国叫颛臾,是鲁国境内的一个小附属国。季孙氏想借维护鲁国利益之名把颛臾吞掉,以扩大自己的势力范围,于是就有了"季氏将伐颛臾"这一说。

孔子引用"不患寡而患不均,不患贫而患不安",是眼观全局向季氏提出警告:

作为鲁国现任执政者,你季康子如果占取了颛臾,领地和财产增多了,相对于孟孙氏、叔孙氏,就更加"不均",他们能服气吗?他们就不想壮大自己?他们由此而对你不"和",政局就会"不安",你,该"患"否?

更有被架空的鲁国国君,难道就不想"有所作为"?曾经的鲁昭公,就奋起而讨伐过专权的季孙氏,后来虽然失败逃亡,但那也是孟孙氏叔孙氏都转而支持季平子,起兵"三家共伐公"的结果吧?如果现在孟孙氏叔孙氏由于你"伐颛臾"造成更大"不均",而都与你季康子不和,趁你"伐颛臾"兵疲将累之际,一旦鲁哀公对你"有事",孟孙叔孙两家拥护国君,你季康子能够"安"吗?!螳螂捕蝉黄雀在后,这个道理,你季康子就从来没有想过?所以,孔子说"吾恐季孙之忧,不在颛臾,而在萧墙之内也"!

成语"祸起萧墙",就是祸事从内部爆发出来的意思。后来,人们用这一典故表示内部祸乱之意,《后汉书》中就引用了这一典故:"此皆衅发萧墙,而祸延四海也。"

季氏伐颛臾不见于《春秋》等史籍,有人猜测是孔子的这次谈话化解了一次不义之战。

纪连海谈 论语

原文

孔子曰:"天下有道,则礼乐征伐①自天子出;天下无道,则礼乐征伐自诸侯出。自诸侯出,盖十世希不失矣②;自大夫出,五世希不失矣;陪臣执国命③,三世希不失矣。天下有道,则政不在大夫。天下有道,则庶人④不议。"

注释

①礼乐征伐:制礼作乐和出兵讨伐。
②盖十世希不失矣:十世,十代。古代三十年为一世。希,少。
③陪臣执国命:陪臣,大夫的家臣。执国命,把持国家政权。
④庶人:老百姓。

纪老师说

这里的天下"有道""无道"说得比较清楚,标准就是看政令出自哪里。

孔子所说的"天下无道",一是周天子的大权落入诸侯手中,二是诸侯国家的大权落入大夫和家臣手中,三是老百姓议论政事。

礼乐征伐属于国家大事,其决断权自然应该属于天子,但春秋时期社会失序,诸侯代行王命,当时的五霸算是典型;一些诸侯的国政又被大夫们把持，鲁国有三桓，晋国有六卿，这些大夫们又被自己的家臣（陪臣）挟持，如阳虎、公山不狃之流，这就叫天下大乱，或十世，或五世，乃至三世，祸乱只是迟早的事情。

孔子既看到了这种变化，也承认这种变化的客观性，但就主观思想和主张来说，他当然是反对这种变化的，所以他又说："天下有道，则政不在大夫。"大夫当政，这岂不是名不正言不顺吗？更进一步，"天下有道，则庶人不议。"老百姓谈论国政不是好事情，也不是个好兆头。因为，大家如果生活得很自在，是绝不会去议论朝纲，指点江山的。而一旦到了大家议论纷纷时，即便你到处都贴了"莫谈国事"的通告，也同样是止不住的。止不住就会出问题，民怨鼎沸，政权易位，天下大乱的日子也就不远了。

孔子对当时的乱象十分不满，并四处游说试图恢复西周文王周公时期的礼乐文明。

纪连海谈 论语

原文

孔子曰:"禄之去公室五世矣①,政逮②于大夫四世矣。故夫三桓③之子孙微矣。"

注释

①禄之去公室五世矣:禄,俸禄。这里指代国家政权。去,丧失、离开。公室,鲁国王室。

②逮:及、到。

③三桓:鲁国孟孙、叔孙、季孙氏三卿,他们都是鲁桓公之后,故称三桓。

纪老师说

本章同前章意义相近。"公室五世"指鲁宣公、成公、襄公、昭公、定公。"大夫四世"指季氏文子、武子、平子、桓子四代。"三桓",鲁桓公之后,仲孙、叔孙、季孙,后仲孙改称孟孙氏。此三家至鲁定公时均呈衰落之势,政权由家臣掌握,如孔子上章所说:"陪臣执国命。"

中国历史上有两个比较典型的混乱期。一是春秋战国,周王室衰落,各诸侯国相互争霸兼并,天下大乱;二是五代十国,唐宋之间中国出现了持续半个世纪的混乱局面,中原地区先后有五朝登场,加之周边的十个割据政权,你方唱罢我登场,也是天下大乱。

原文

孔子曰："益者三友，损①者三友。友直，友谅②，友多闻，益矣；友便辟③，友善柔④，友便佞⑤，损矣。"

注释

①损：损害。

②谅：信实。

③便辟：阿谀奉承。

④善柔：当面恭维，背后诽谤。

⑤便佞：花言巧语。

纪老师说

孔子说同正直的人交朋友，同诚信的人交朋友，同见闻广博的人交朋友，这是有益的；同惯于走邪道的人交朋友，同善于阿谀奉承、阳奉阴违的人交朋友，同惯于花言巧语的人交朋友，这是有害的。

这是名言，座右铭，做人交友，可以对照一下，看看我们身边都是什么朋友。

晏子从不滥交朋友，但如果交了一个朋友，就会善始善终，并且对朋友"久而敬之"。交往时间越长，就越恭敬有礼，因此别人也就对他越来越尊重。所以，晏子的朋友大都情深义重，甚至有人愿为他付出生

命。北郭骚就是其中之一。

北郭骚是齐国名士，为人孝顺，但家境窘困。他慕名去拜访晏子，希望能得到一些粮食。晏子久闻其名，觉得他人品很好，于是热情地接待了他，还送他很多粮食和金钱。北郭骚谢绝了金钱，只收下了粮食，两人自此成为好友。不久后，晏子被齐景公猜忌，逃亡他国。路过北郭骚家，晏子进去告别，阐述了事情的经过，但北郭骚只说了一句话："请好自为之。"言毕送客。

晏子走后，北郭骚对朋友说："我仰慕晏子道义，与之相交。如今晏子被无端猜忌，我将用生命为他洗清冤屈。"北郭骚换好衣服，前往王宫拜见景公近臣。在王宫里，北郭骚慷慨激昂地说："晏婴是名闻天下的贤相，因他在，其他国家畏惧而不敢侵犯。若他出亡，齐国必遭侵犯。我不想看见国家生灵涂炭，我愿用我的生命为晏子洗清冤屈。"说完，便自刎身亡。景公见此非常后悔，亲自驾车去边境追回了晏子。

其实，朋友关系的存续是以相互尊重为前提的，只有久而敬之，友情才能天长地久。但很多人忽视了这一点，朋友之间太过随便，不恭不敬，友好的关系也将不复存在了。

你是谁并不重要，重要的是，你和谁在一起。

原文

孔子曰:"益者三乐,损者三乐。乐节①礼乐,乐道人之善②,乐多贤友③,益矣;乐骄④乐,乐佚游⑤,乐宴乐⑥,损矣。"

注释

①节:调节,节制。

②善:优点、好处。

③贤友:好朋友。

④骄:骄傲。

⑤佚游:游荡。

⑥宴乐:以吃喝为乐。宴,宴会。

纪老师说

喜好可以是有益的,也可以是有害的。

孔子列举的三种有益喜好分别是:用礼乐节制自己的言行,称道别人的优点,多结交有价值的朋友。有害的喜好也有三种:纵情极欲、四处游荡、吃喝玩乐。

"乐道人之善",也就是喜欢称道别人的优点,这是有益的喜好,所以我们要发扬。

俗话说："良言一句三冬暖。"用眼睛发现身边人的优点，赞美他或她有意或无意露出的特色，是一种美德，你不经意的一句话，可能会改变别人的命运。

一个穷困潦倒的青年流浪到巴黎，期望父亲的朋友能帮自己找一份工作。

"精通数学吗？"那人问。青年羞涩地摇头。"历史地理怎么样？"青年不好意思地摇头。"那法律呢？"父亲的朋友连连问话，青年只能摇头。

"那你先把自己的住址写下来吧，我总得帮你找份工作呀！"父亲的朋友无奈地说。

青年惭愧地写下了自己的住址，急忙转身走，却被父亲的朋友拉住："青年人，你的名字写得很漂亮嘛，这就是你的优点啊！"

"把名字写好也是一个优点？"青年在对方眼里看到了肯定的答案。"能把名字写好，就能把字写得叫人称赞，就能把文章写好！"受到鼓励的青年，一点点地放大自己的优点，兴奋的脚步都轻松起来了。

数年后，青年果然写出了享誉世界的《基督山伯爵》《三个火枪手》等经典作品。他就是家喻户晓的法国著名作家大仲马。

原文

孔子曰:"侍于君子有三愆①:言未及之②而言谓之躁;言及之而不言谓之隐;未见颜色③而言谓之瞽。"

注释

①愆(qiān):过失,过错。
②及之:轮到他。
③颜色:脸色。指君子的脸色。

纪老师说

俗话说伴君如伴虎,想来与这句话有关,说话行事都要谨言谨行。所谓"侍于君子"可以说是君臣之间,也可以是上下级之间,也可以是朋友之间,都要讲究些,说话方面要讲究一个分寸,一个时机。说早了不行,当说不说不行,不看时机说也不行。

话说山东琅琊王氏家族跨越了许多劫难,经受住了各种考验,从东汉至明清1700多年间,培养出了36个皇后、36个驸马、35个宰相,成为中国历史上最为显赫的家族,被称为"中华第一望族",靠的就是"言宜慢,心宜善"的6字方针。

东汉时,王氏的祖辈王吉任昌邑王府五品中尉时,从一个老人那里

得到"言宜慢"3个字的秘籍。昌邑王刘贺荒淫无度喜怒无常,身边聚集的全是一些溜须拍马的小人。在这样险恶的官场中,王吉当然会感到非常忧愁。但幸运的是,凭借着这3个字,王吉居然渡过了一次次惊险,在官场上获得了很好的声誉,被汉宣帝刘询任命为谏议大夫,成了朝廷重臣。这里的"言宜慢"就是对付"三愆"的上策。

原文

孔子曰："君子有三戒：少之时，血气未定，戒之在色①；及其壮也，血气方刚，戒之在斗；及其老也，血气既衰，戒之在得②。"

注释

①色：女色。
②得：贪。指贪求名利。

纪老师说

少年戒色，也就是性的问题。就像我们今天戒黄色读物和影视对青少年的影响一样，主要是希望青少年身心健康发展，减少青少年犯罪，增进社会稳定。

中年戒斗，这里的斗不是指打架斗殴，而是指精神方面的争强斗胜。时时处处都打垮人家，而让自己出人头地，高人一等。

老年戒得，这里的得是指贪得无厌，要放得下一切对自己无关的事情和物件，保护好身体，这才是养生之道。

老年戒得最为关键，有许多老人，因为贪婪，致使晚节不保，最终锒铛入狱，毁了一生。

他曾是励志典型。家境贫寒没有阻挡他勤奋好学的步伐，小儿麻

痹、左手残疾没有泯灭他积极向上的意志，艰苦的条件没有成为他实现自身价值的障碍，终于，他的踏实肯干让他一步步走上"人生巅峰"。

他也是反面教材。初尝权力"甜头"的他因为一万礼金"辗转难眠"，欲望贪婪的他从"关门拒客"到"开门迎客"，被"糖衣炮弹"炸得遍体鳞伤，被更高"追求"冲昏头脑的他不惜寻求"大师"为"座上宾"，搞起了"歪门邪道"。

他就是湖南省株洲市原市委常委、政法委书记谢清纯，曾是"好评如潮"的优秀员工，现在却是"恶名昭著"的迷信领导，曾经的谢清纯已不再"清纯"。

2015年12月24日，因严重违反党的纪律，谢清纯被开除党籍、开除公职。33年党龄一朝终，他追悔莫及，泣不成声。

原文

孔子曰:"君子有三畏①:畏天命,畏大人②,畏圣人之言。小人不知天命而不畏也,狎③大人,侮④圣人之言。"

注释

①畏:敬畏。
②大人:有修养有地位的人,也可指君亲师。
③狎:轻视,调戏。
④侮:侮慢。

纪老师说

这里所谓"畏"就是敬,人生无所畏,实在很危险。

"畏天命"就是尊重客观,天命其实就是自然规律,人不可改变,但是可以顺应,可以利用自然规律。中国人有种观念,不管是事好事坏,都认为是命,也是这个道理。

"畏大人",这个大人并不是一定指官做得大。对父母、长辈、有道德学问的人有所怕,才有成就。曾子有句话说得好:"用师者王,用友者霸,用徒者亡。"意思就是说,为人谦虚,尊奉真正贤能之人为老师,从而成大功,对待同事或者下属像兄弟朋友一样,就可以成就一番

事业，否则，就会失败。

"畏圣人之言"圣人之言就是圣人说的话，就是经典书籍。

敬畏是人生的大智慧，不仅是一种人生态度，更是一种行为准则。

曾国藩说自己平生有"三畏"：畏天命、畏人言、畏君父。他的一生始终常怀敬畏之心，坚守做人为官的基本准则，保持清醒的头脑，做到原则不动、底线不松，在战战兢兢、如履薄冰的心境中度过，最终一路平步青云，大业辉煌，成就了自我。他曾在《曾国藩家书》中写道："不要以为家里有人做大官就敢欺负人；不要以为自己有点学问，就敢恃才傲物；在顺利之时，更不要忘乎所以，很多人身败名裂就是不知道顾忌。"

原文

孔子曰:"生而知之者,上也;学而知之者,次也;困而学之,又其次也;困而不学,民斯为下矣。"

纪老师说

在儒家的学说中,人的禀赋是有等差的,可能有的人看了就会不分青红皂白地加以批判,加以排斥。实际上这里的表述是最精到最客观的,因为从当今心理学的分析研究得知,人的智力与灵感确实存在着差异,这是不争的事实。

从人生智慧上讲,天生的圣人就是"生而知之者",除了"生而知之"的外,人还有几等:主动学习的、遇到问题再学习的、遇到困惑也不学的。

俗话说"书到用时方恨少",我们不是圣人,除了学习,别无他法。

著名物理学家阿尔伯特·爱因斯坦小时候被校长认为是"干什么都不会有作为"的笨学生,他通过"学而知之"和"困而学之",最终经过艰苦的努力,成了现代物理学的创始人和奠基人,成了现代最杰出的物理学家。

伟人们是一直强调学习的,列宁说过"学习,学习,再学习";

纪连海谈 论语

毛泽东也曾提出:"重要的问题在善于学习。"习总书记在中央党校建校80周年讲话时说:"本领不是天生的,是要通过学习和实践来获得的。"

有人研究过,18世纪以前,知识更新速度为90年左右翻一番;20世纪90年代以来,知识更新加速到3至5年翻一番;近50年来,人类社会创造的知识比过去3000年的总和还要多。还有人说,在农耕时代,一个人读几年书,就可以用一辈子;在工业经济时代,一个人读十几年书,才够用一辈子;到了知识经济时代,一个人必须学习一辈子,才能跟上时代前进的脚步。

所以必须要活到老,学到老。

原文

孔子曰:"君子有九思①:视思明,听思聪②,色思温,貌思恭,言思忠,事思敬,疑思问,忿思难③,见得思义。"

注释

①九思:九种思考。
②聪:清楚。
③难:急难、后患。

纪老师说

"九思"的内容部分已见于当时典籍,如《尚书·洪范》里记载的大禹治国五事里就有"貌曰恭,言曰从,视曰明,听曰聪,思曰睿。"意思是说,容貌要庄重,庄重做事情就能严肃;言论要听从正当,正当就能治理;看事情要看明白,明白了就能清晰;听事情,要听清楚,清楚了就能善谋;思考问题要通达,通达就能圣明。

除了上述五事,孔子更进一步提出君子要"色思温,事思敬,疑思问,忿思难,见得思义。"即脸色要温和,不可以显得严厉难看;容貌要谦虚恭敬有礼,不可以骄傲、轻忽他人;言语要忠厚诚恳,没有虚假;做事要认真负责,不可懈怠懒惰;有疑惑要想办法求教,不可得过

纪连海谈 论语

且过，混日子；生气的时候要想到后果灾难，不可意气用事；遇见可以取得的利益时，要想想是不是合乎义理，君子爱财，取之有道。

"九思"把人的言行举止的各个方面都考虑到了，一个人如果从这九个方面要求自己，那就会成为真正的君子，否则，可能犯大错。

明末，李自成造反，打进北京城，崇祯皇帝在紫禁城后的煤山上吊死了，李自成建立了大顺政权，当时大顺政权对明朝大将吴三桂的政策是招降。李自成派遣使者劝说吴三桂，并答应给予其四个月军粮及白银四万两。这对于已缺饷一年多的吴三桂确实是雪中送炭，吴三桂已有降意。

就在这关键时刻，吴三桂先后接到两封文书。一是大顺使者所持其父吴襄劝其归顺李自成的书信，二是有人送给吴三桂密信，详告其父被李自成手下大将刘宗敏抓捕追赃，遭到严刑拷打。其父已凑白银五万两，但离刘宗敏所索二十万两甚远。此外，吴三桂爱妾陈园园也被刘宗敏霸占。

吴三桂闻讯大怒，遂拔剑斩案，斩了来使，将另一名使者割去双耳，令其传言李自成："李贼自送头来。"同时，起兵回师，夺去山海关，引清兵入关，随即，清兵大举南下。

吴三桂冲冠一怒为红颜，而成千古骂名。

原文

孔子曰:"见善如不及①,见不善如探汤②,吾见其人矣,吾闻其语矣。隐居以求其志,行义以达其道③。吾闻其语矣,未见其人也。"

注释

①不及:赶不上。
②探汤:手伸进热水里。
③道:主张。

纪老师说

见善如赶不上,见不善好像手碰上热水,这样的个人修身,虽说坚持去做不容易,但只要努力,还是可以说到并做到的。"见其人""闻其语",仿佛在说:有图有真相,光做好事不做坏事的人到处都有。

但真正的隐士,孔子说自己没有见过。他们似乎仅仅是一个传说,著名的隐士倒是充斥着故纸堆,很多时候,他们的"隐"不是为了去寻找自己的内心世界,而是为了让别人知道自己在"隐"。老子真无为,何来五千言?

2014年1月14日,习近平在十八届中央纪委三次全会上发表重要讲话时引用过"见善如不及，见不善如探汤"这句话，意思是要让每一个干部牢记"手莫伸，伸手必被捉"的道理。领导干部要心存敬畏，不要心存侥幸。

民间流传的《一文钱与乌纱帽》的故事诠释了他律的力量：据说清代康熙年间，书生范晓杰在书铺看书。有人付书款时掉下一枚铜钱，范晓杰趁人不备踏在脚底，并拾起铜钱收入囊中。旁边一老翁见此情景，上前同范晓杰攀谈，了解其情况。后范晓杰应考合格，到江苏常熟任县尉官职。上司江苏巡抚汤斌就拒绝接见，并将其革职。范晓杰最后明白，当年的老翁就是私巡察访的汤斌。

原文

齐景公有马千驷①，死之日，民无德而称②焉。伯夷、叔齐饿于首阳③之下，民到于今称之。其斯之谓与？

注释

①千驷：四千匹马。

②称：称道。

③首阳：首阳山，不详在何处。

纪老师说

常言说，"人过留名，雁过留声。"

官贵如齐景公，拥有四千匹好马（还不说其他了），可以说是财万贯，够富了吧？身为大国领袖，该是够贵的了吧？可是当他死了以后，还有什么呢？什么也没有，这就是我们今天所说的："钱财权势都是身外物，生不带来，死不带去。"

相反，伯夷、叔齐义不食周粟，饿死于首阳山下，可以说是穷到极点了，但老百姓却到现在还称赞他们，传扬他们的美名，这是为什么呢？这是因为他们的气节感人，精神动人。正所谓"富贵如浮云，美名传千世。"

纪连海谈 论语

"在我死后，哪管他洪水滔天！"是法国国王路易十五的名言，也是今日众多唯利是图者的心声，大概也代表了齐景公的心声吧？

"其斯之谓与"意思是"就是这个意思吧。"究竟是什么意思呢？联系上一章内容看，这章应该是"隐居以求其志，行义以达其道"的一个注解。换句话说，就是如果伯夷叔齐没有辞帝王不做的修养，随便讲隐居避世求全，那也只是说说而已的一句空话。

既然如此，我们该追求什么？也许你已有答案了吧。

> 原文

　　陈亢问于伯鱼曰①："子亦有异闻②乎？"对曰："未也。尝独立，鲤趋而过庭。曰：'学诗乎'？对曰：'未也'。'不学诗，无以言③。'鲤退而学诗。他日，又独立，鲤趋而过庭。曰：'学礼乎？'对曰：'未也。''不学礼，无以立④。'鲤退而学礼，闻斯⑤二者。"陈亢退而喜曰："问一得三，闻诗，闻礼，又闻君子之远⑥其子也。"

> 注释

　　①陈亢问于伯鱼：陈亢，即陈子禽，孔子的学生。伯鱼，孔子的儿子。名鲤，字伯鱼。

　　②异闻：特别的教导。

　　③无以言：不善于说话。

　　④立：立足于社会。

　　⑤斯：这个。

　　⑥远：指不偏爱。

> 纪老师说

　　伯鱼就是孔子的儿子孔鲤，这儿说的是孔圣人是如何教育自己儿

子的。

陈亢私以为孔子的儿子伯鱼一定会得到父亲的偏爱，得到更多的教诲吧？伯鱼说了两件事，想必出乎陈亢的意料。

从伯鱼的行为中，我们可以看出孔子的家教。孔子独自站在庭院中，伯鱼"趋而过庭"，这里的"趋"字反映了伯鱼对父亲的敬畏感，由此可以看出孔子对伯鱼日常的教育很严格，和孩子之间不是很亲昵。

孔子借着和儿子见面的机会告诉伯鱼学诗、学礼，伯鱼即"退而学诗""退而学礼"，没有一点折扣，从伯鱼的行为看他非常尊重和顺从父亲的建议。

从伯鱼说话的内容我们可以看出，孔子不仅是很成功的教育家，还是很会教育孩子的父亲，是一位受到儿子敬重的父亲。

陈亢认为他从伯鱼的口中得到了三件事：知道了诗；知道了礼；知道了君子不偏爱自己的孩子。

孔子说的"不学诗，无以言""不学礼，无以立"这已经是名言了。

孔子对《诗经》有过一个总评，他说："诗三百，一言以蔽之，思无邪。""每览昔人兴感之由，若合一契"，古人的情思，于今人也能产生共鸣。

孔子还说过："颂诗三百，授之以政，不达；使于四方，不能专对。虽多，亦奚以为？"学了《诗经》，交给他政治任务却办不通，出使外国却不会赋诗来应答专对，这样的人能背再多诗又有什么用呢！这里，"专对"就是指在外交场合谈判酬酢。

春秋时期，各国外交人员在诸侯间纵横捭阖之时，"赋诗言志"是一项基本技能。例如，《左传·定公四年》记载：楚国遭受吴国入侵，楚将申包胥去秦国讨救兵，秦哀公见事不关己，于是拖延推脱。申包胥无奈，在秦国宫廷外一连哭了七天七夜，终于把秦哀公感动。最后，秦公赋《秦风·无衣》："岂曰无衣？与子同袍。王于兴师，修我戈矛，与子同仇！"表明秦国愿意出手相救。

礼教恭俭庄敬，此乃立身之本。有礼则安，无礼则危。故不学礼，无以立身。于是孔子便教导伯鱼认真学礼。

自此以后，古人便以"礼"为立人的基础，处处以"礼"行事。

在南北朝时期的齐国，有一个叫陆晓慧的人，他才华横溢，博闻强识，为人更是恭谨亲切。他曾在好几个王的手下当过长史，可以说是一个高高在上的人了，然而他却从来不把自己看得很高，前来拜见他的官员，不管官大官小，他都以礼相待，一点儿也不摆架子。如果客人离开，他更会站起身亲自将对方送到门外。有一个幕僚看到这种情景，很是难以理解，就对他说："陆长史官居高位，不管对谁，哪怕对老百姓也是彬彬有礼，这样实在有失身份，更什么也得不到，长史何必这样麻烦呢？"陆晓慧听了不以为然地轻松一笑，说道："欲先取之，必先与之。我想让所有的人都尊重我，那我就必须尊重所有的人。"

纪连海谈 论语

原文

邦君①之妻,君称之曰夫人,夫人自称曰小童;邦人②称之曰君夫人,称诸异邦③曰寡小君;异邦人称之亦曰君夫人。

注释

①邦君:国君。
②邦人:国内人民。
③异邦:外国,别的国家。

纪老师说

中国繁杂的称谓背后是一个严整的社会秩序,孔子的"正名"思想也该包括这方面的内容。

称号的目的就是为了名正言顺,国君的妻子这个问题,在不同的场合和不同人,有不同的称呼,这是周礼的内容之一。

现在,我们对妻子的称呼也是不同的。口头当面称,或者直呼妻子的名字,或者叫"小叉""老叉",农村有些地方叫"孩子他娘""孩他妈"。书面往往直呼其名,或是"亲爱的×××"。对人时则称"爱人""老婆""内人""妻子""夫人""家里的"。有些甚至称"贱内""贱荆"。年龄大时则称为"老伴""老婆子"。

辜鸿铭对本章关键词的翻译很有趣:君夫人——我尊敬的夫人;寡小君——我们善良的小公主;君夫人——我们尊敬的夫人。